APFNet

"一带一路"绿色合作与发展系列

大中亚区域林业发展报告丛书

塔吉克斯坦共和国林业发展报告

亚太森林恢复与可持续管理组织（APFNet） 编

中国林业出版社

图书在版编目（CIP）数据

塔吉克斯坦共和国林业发展报告 / 亚太森林恢复与可持续管理组织（APFNet）编 . —北京 : 中国林业出版社 , 2017.5

（“一带一路”绿色合作与发展系列·大中亚区域林业发展报告丛书）

ISBN 978-7-5038-9027-7

Ⅰ . ①塔… Ⅱ . ①亚… Ⅲ . ①林业经济—经济发展—研究报告—塔吉克 Ⅳ . ① F336.562

中国版本图书馆 CIP 数据核字 (2017) 第 095598 号

责任编辑：刘开运　张健　谷玉春

出版：中国林业出版社（100009 北京西城区德胜门内大街刘海胡同 7 号）

E-mail：Lucky70021@sina.com 电话：010-83143520

发行：中国林业出版社总发行

印刷：北京卡乐富彩色印刷有限公司

印次：2017 年 5 月第 1 版第 1 次

开本：787mm × 1092mm　1/16

印张：6.75

字数：135 千字

定价：68.00 元

大中亚区域林业发展报告丛书
编委会

主要撰稿人：（按英文字母排序）

Karibayeva Kuralay　　哈萨克斯坦共和国生态和可持续发展研究所主任
Nachin Baatarbileg　　蒙古国国立大学工程与应用科学学院主任
Nury Atamyradov　　土库曼斯坦国家沙漠、植物和动物研究所高级研究员
Said Inogamov　　乌兹别克斯坦共和国原塔什干国立大学教授，曾担任联合国发展规划署国家专家、FAO 项目协调员等职
Saidzoda Madibron　　塔吉克斯坦共和国林业局特别保护区国家机构负责人
Venera Surappaeva　　吉尔吉斯共和国环境保护和林业局 森林与狩猎调查司森林监测与森林地籍处处长

“一带一路”经济走廊及其途径城市分布地势图

审图号：GS(2016)1764号

高程/（m） >6000 6000 5000 4000 3000 2000 1000 500 100 0 −

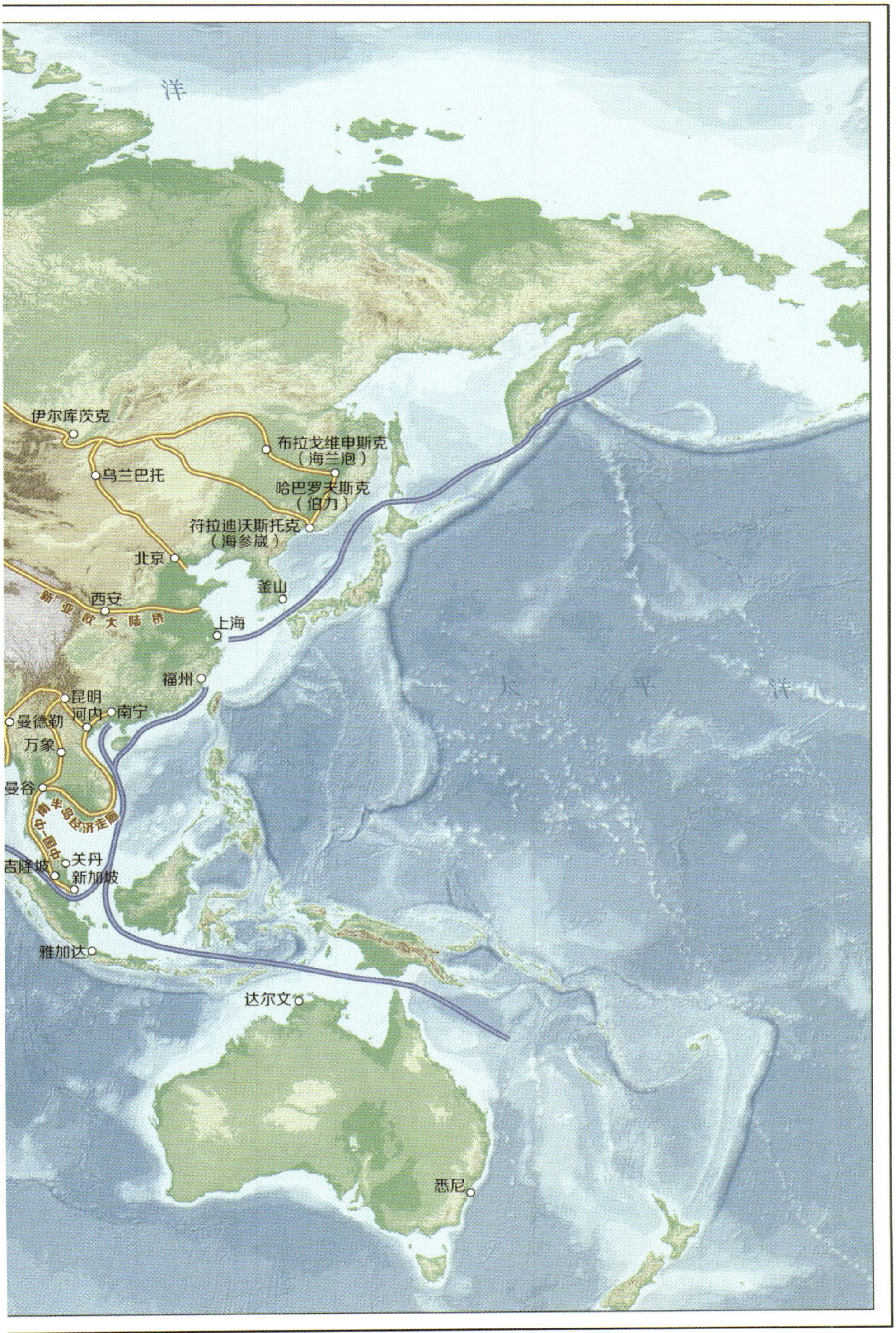

200 -1000 -2000 -3000 -4000 -5000 -6000 -7000 <-7000

国家测绘地理信息局 监制

"一带一路"经济走廊及其途径城市分布示意图

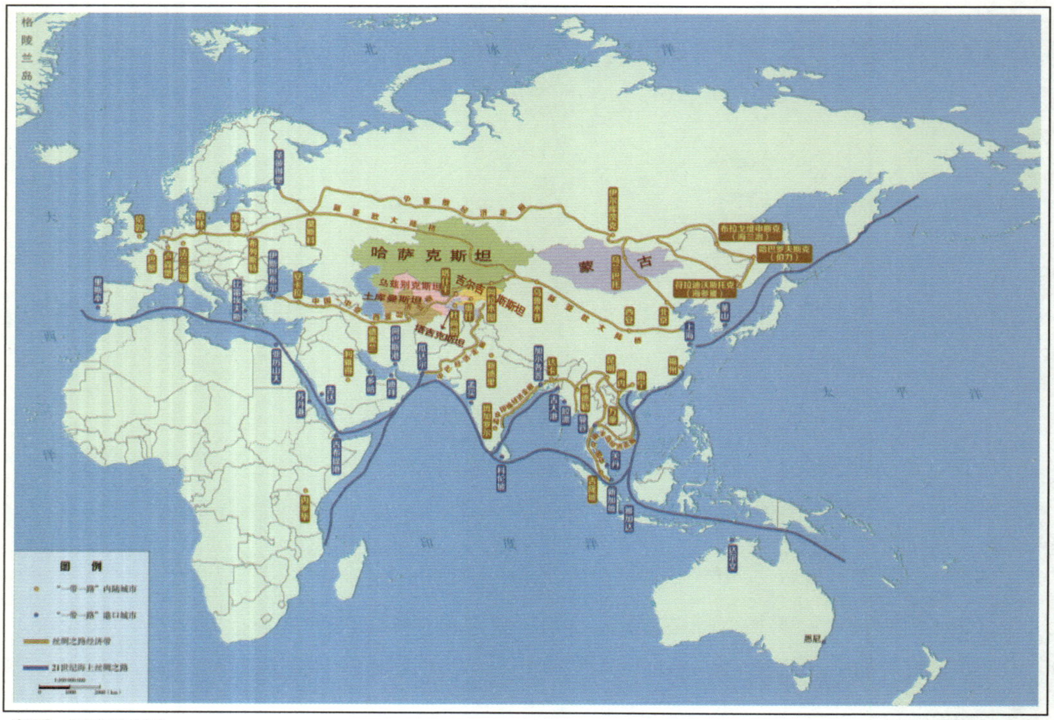

审图号：GS（2016）1762 号

国家测绘地理信息局 监制

亚洲地图

审图号：GS（2016）1762 号

国家测绘地理信息局 监制

前言

大中亚地区广义上主要包括哈萨克斯坦共和国、乌兹别克斯坦共和国、塔吉克斯坦共和国、土库曼斯坦、吉尔吉斯共和国及蒙古国等经济体。大中亚各经济体多位于干旱及半干旱地区，土地类型多为草原和牧场，农地和林地所占比例小。

随着全球经济一体化步伐加快及大中亚地区经济复苏，区域内各经济体均处于经济转型和管理方式转变的关键时期，各经济体政府开始更加关注林业的生态价值和服务功能，积极开展森林可持续管理，提高林业对整体国民经济的贡献。尽管区域内各经济体体制环境不同，但林业发展都面临着许多共同问题，因此林业合作互补性较强，合作前景仍十分广阔。

亚太森林恢复与可持续管理组织（APFNet），作为一家总部设在中国的国际组织，一直秉承“推动亚太区域森林可持续发展”的宗旨，以推动大中亚地区林业发展和合作为出发点，与大中亚各经济体林业主管部门官员和专家合作编写了“一带一路”绿色合作与发展系列之大中亚区域林业发展报告丛书，该丛书共分6种，依次为哈萨克斯坦共和国林业发展报告、乌兹别克斯坦共和国林业发展报告、塔吉克斯坦共和国林业发展报告、土库曼斯坦林业发展报告、吉尔吉斯共和国林业发展报告和蒙古国林业发展报告。书中通过对各经济体林业现状、林业对经济发展的贡献、林业政策法律和发展战略、林业教育与科研、林业国际合作及森林管理最佳实践进行资料数据收集和分析，提炼出该区域林业发展基本情况，填补了国际大中亚林业发展系统研究的空白，为今后开展大中亚地区林业合作提供了重要的理论依据。

吉尔吉斯共和国国家环境与林业局、塔吉克斯坦共和国林业局、乌兹别克斯坦共和国林业局、土库曼斯坦国家环境保护与土地资源委员会、哈萨克斯坦共和国农业部、蒙古国环境和旅游部对出版本丛书给与了大力支持，在此一并表示感谢！衷心期待大中亚地区林业合作不断结出累累硕果。

鉴于编写本书时间较短，特别是对各经济体森林经营管理最佳实践未能进行更深层次的调研，书中难免有错误和纰漏之处，敬请读者予以指正。

曲桂林

亚太森林恢复与可持续管理组织秘书长

目 录

图目录

表目录

缩写与缩略语

BWC	生物武器公约
CAFT	中国 – 东盟自由贸易
GBAO	塔吉克斯坦共和国
GDP	国民生产总值
KFW	德国复兴信贷银行
NAP	防治荒漠化国家行动计划
NEAP	国家环境行动计划
NMA	网络型综合办公业务
PRSP	减贫战略文件
SPNA	特别保护自然区
TLS	塔吉克斯服务
UNCCD	联合国防治荒漠化公约

1. 林业发展现状

1.1 经济体概况

塔吉克斯坦共和国（以下简称“塔吉克斯坦”）是一个典型的多山经济体，93% 的领土是帕米尔 – 阿莱山系，约占 14.3 万平方千米。塔吉克斯坦的领土东西向延伸 700 千米，南北向延伸 350 千米，如图 1–1 所示。

海拔范围为 300 米至 7495 米，约一半领土的海拔超过 3000 米。

山脊和高程变化对温度、湿度和降水范围产生影响。南部沙漠地区的平均温度超过 17℃，而东帕米尔山区的平均温度为 –6℃。最高温度也存在鲜明差异。最高温度出现在南部 7 月，达到 48℃；而最低温度出现在东帕米尔地区 1 月，降至 –63℃。

降水主要集中在冷季，占全年降水量的 75%。塔吉克斯坦中部山区的降水量最大，每年超过 1000 毫米；而在塔吉克斯坦最南部、东帕米尔高原和塔吉克斯坦北部的一些高海拔地区，降水量最少，全年总降水量在 100~150 毫米之间。

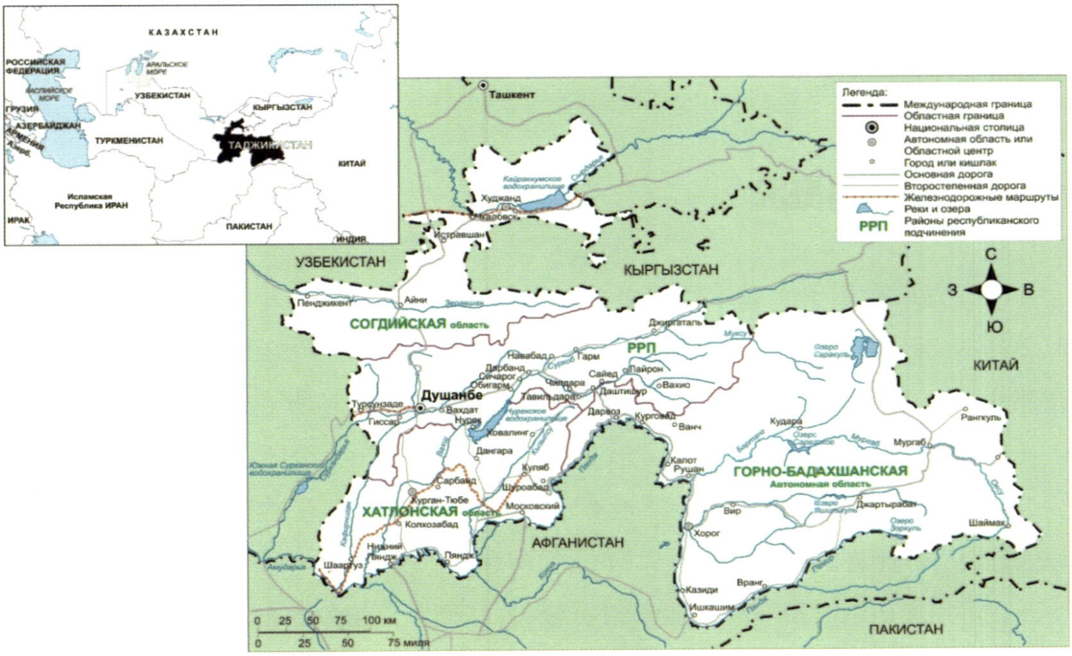

来源：塔吉克斯坦林业局

图 1–1 塔吉克斯坦共和国地图

1.2 经济概况

1992 年 ~1993 年的国内冲突引发内战，经济崩溃导致发生经济和社会危机。工业企业运营终止、农业和能源部门衰退导致大量失业和生活水平急剧下降。

根据 2000 年的数据，此时塔吉克斯坦已从战争和经济崩溃的影响中恢复并且已经在社会和工业活动主要领域开始改革之路，人均国内生产总值（GDP）为 292.2 索莫尼，就业率为 54.8%，实际失业率为 24.2%，贫困率为 83.5%。

至今，GDP 和就业率增加数倍且贫困率降低近 1/3。

最稳定的部门是非铁金属冶炼（铝生产）、水泥生产、房屋和道路建设、轻工业和食品工业及农业。

一些正在寻找工作的最活跃工作人口前往其他经济体，主要前往俄罗斯临时或永久居住。人数约为 100 万，占总人口的 15%~20%。遗憾的是，这已成为长久趋势，可能会持续多年。

在林业及其他工业活动领域，生产水平下降数倍，很大一部分人失去工作。林业部门中长期工作人员数量为 4500 人，季节性工作人员数量大致与此相同。

生活水平与塔吉克斯坦的环境状况密不可分，并且与塔吉克斯坦的整体环境状况紧密依存和相互影响。

1.3 土地利用概况

塔吉克斯坦用于农业生产的土地约有 454.61 万公顷，占塔吉克斯坦总面积的 31.2%。大部分农田（2954965 公顷或占 65%）由从事农业生产的土地使用者使用。其余部分（1591135 公顷或占 35%）由国有土地基金和国有林场使用。

耕地总面积为 73.43 万公顷，与 1999 年相比增加了 7000 公顷，但与前几年相比减少近 7 万公顷。近年来，塔吉克斯坦南部的大量田地一直没有耕作。造成耕地减少的原因是经济不稳定，缺少技术设备、薪材和润滑油、种子等。

在可用土地总面积中，土地灌溉网络所占面积为 548869 公顷或所占比例为 12%，仅占全国土地总面积的 4%。

森林和灌木占地 42.12 万公顷，或占全国总面积的近 3%。这类土地具有很多用途，不仅可以作为林业用地，还可作为农业牧场。

因此，塔吉克斯坦的农业用地总面积（将林业和灌木用地考虑在内）为 470.01 万公顷或占全国总面积的 33%。

长期使用的国有林业企业用地按土地类别划分的土地基金如下。

（1）农业用地：817.92 万公顷。

（2）定居点用地：5.23 万公顷。

（3）工业、交通、通信等用地：18.03 万公顷。

（4）环境、娱乐、历史及文化用途用地：310.48 万公顷。

（5）国家森林基金自由土地：64.15 万公顷。

（6）国家水利基金土地：3.76 万公顷。

（7）国家土地储备：205.97 万公顷。

（8）总土地：1425.54 万公顷。

农业土地如下。

（1）耕地：73.79 万公顷，其中包括 50.37 万公顷灌溉土地。

（2）多年生植物土地：10.27 万公顷，其中包括 7.92 万公顷灌溉土地。

（3）储备土地：2.12 万公顷，其中包括 1.17 万公顷灌溉土地。

（4）草田：2.27 万公顷，其中包括 900 公顷灌溉土地。

（5）牧场：371.64 万公顷，其中包括 3300 公顷灌溉土地。

塔吉克斯坦共和国政府决定将一大部分（约 100 万公顷）国家森林基金土地分配给农业企业长期用作牧场。此外，这些地区含有丰富的森林草本植被，数十年来的传统是进行季节性迁移放牧。

目前，存在过度放牧以及草、树木和灌木枯竭的情况。同时，几乎尚未采取任何措施来保护和恢复受到破坏的植物群落。牧场轮作未受重视，牧场土地负担未受限制，且未种植草或灌木来丰富植物群。

在国家森林基金中有 130 万公顷土地（来自整体国家森林基金）几乎不适合林业，难以甚至不可能培育出可直接由森林管理机构管理的林分。

低山带土壤的主要类型是深色土壤（深色、典型或普通及轻质）。这些土壤相对富含腐殖质，是旱地和灌溉农业的主要土地基金。中部和高地主要是山地棕壤，腐殖质相对贫瘠，大部分遭受过水蚀。

在帕米尔高原地区，沙漠较常见，少有腐殖质碳酸盐土壤，洪泛平原区有草甸沼泽。

空间广阔且地形陡峭，主要为岩屑堆和岩石，土壤覆盖层非常脆弱，目前处于初始阶段。

国家森林基金（土地、森林、水体和其他自然资源）为国家财产，可转让给林业企业永久使用从而实现其预期的林业发展目的。

根据塔吉克斯坦共和国政府自 1997 年 5 月 15 日通过的第 449 号《塔吉克斯坦共和国土地付款法》，获得地块永久性、短期或长期使用权的土地使用者需支付土地税。

租税根据主要土地拥有者与承租者之间的协议确定。

计算土地税金额时，以一年中每单位土地面积的稳定付款额形式确定，不取决于土地使用者经济活动的结果。

共和国行政区域的平均土地税率由塔吉克斯坦共和国政府依照塔吉克斯坦共和国国家土地管理委员会的提议每年核准一次。

由国家预算资助相关活动的土地使用者可不遵守上述法律。因此，林业企业在开展以下林业活动时可免税：播种和种植森林和森林水果、建立树木苗圃、防侵蚀林以及其他作物和种植场，但将国家森林基金用于种植农作物或牛群放牧时不会免税，无论何人开展这些工作。

保护区：公园、自然公园和国家公园免征土地税，因为它们形成了具有保护价值的土地区域且由国家预算资助。

塔吉克斯坦是一个农业国家。超过 70% 的人口生活在农村地区。农业是塔吉克斯坦的主要部门，虽然林业不是该国家中具有决定性经济作用的环节，但由于土地和国家森林基金的主要资源占塔吉克斯坦领土的 13%，因此林业在一定程度上能够对国家经济产生整体影响。

1.4 森林资源

森林和非森林生态系统现状的相关记录不足以开展适当评估。最近一次森林调查的时间在 1991 年之前。地理空间和地图数据已丢失或过时。自 1991 年以来，森林生态系统的监测不协调，并且未建立森林覆盖区、无森林覆盖区及林业的数据库（图 1–2）。

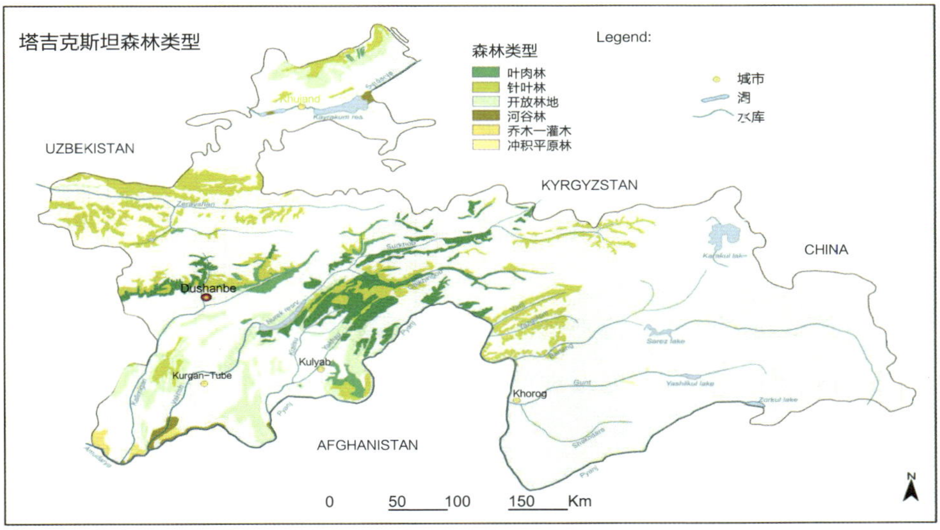

来源：塔吉克斯坦林业局

图 1-2　塔吉克斯坦森林类型

由于普遍缺少森林资源的可靠、准确及更新数据，因此难以对林业现状和趋势及近年取得的发展进行清查。森林生态系统服务不仅限于提供木材和木柴（木材和木柴仍是农村家庭的最重要燃料，因此也是塔吉克斯坦主要人口的最重要燃料）等自然资源或非木材林产品（作为经济动物肉类、水果和坚果、野生浆果和草本植物、油及蜂蜜等生计手段的来源，因而非常重要）。

森林可发挥与下述方面相关的重要生态功能：调节水平衡和气候、土壤保护、预防水蚀和风蚀及加固斜坡。森林生态系统对于塔吉克斯坦这样的干旱亚热带和半干旱大陆性气候的多山经济体而言尤为重要。

森林覆盖消失或减少可能导致荒漠化、滑坡、泥石流和其他自然灾害，降低农业活动收益并且威胁人类定居点，减轻这些负面影响并非总能实现，但通常成本高昂。因此，通过适当森林管理、再造林和林区空间扩大来合理地利用剩余森林资源，不仅可预防自然灾害的发生，而且还可在风险管理、防护措施及所致紧急情况后果的消除措施方面减少公共支出，从而大大节省国家预算的有限资源。

塔吉克斯坦 20 多年的森林管理基于过时的凭证和概算，因此并不能反映真实情况，尤其是此类概算可能未考虑到当前毁林率。林冠密实度的减小过程导致剩余的大部分郁闭林逐渐变稀疏（林木丰度低于 40%），这是森林景观被无树地貌取代地区的典型状况。

此外，由于将水果树种植场和灌木覆盖区划归为“森林”类别，因此森林覆盖率被高估。

同样，统计资料提供有关计划进行再造林和造林的区域面积相关信息，但不含这些措施结果的相关信息，如幼苗存活率（种植后第一年内存活的幼苗百分比）指标或再造林和造林活动获得成功结果的地区面积（图 1–3）。

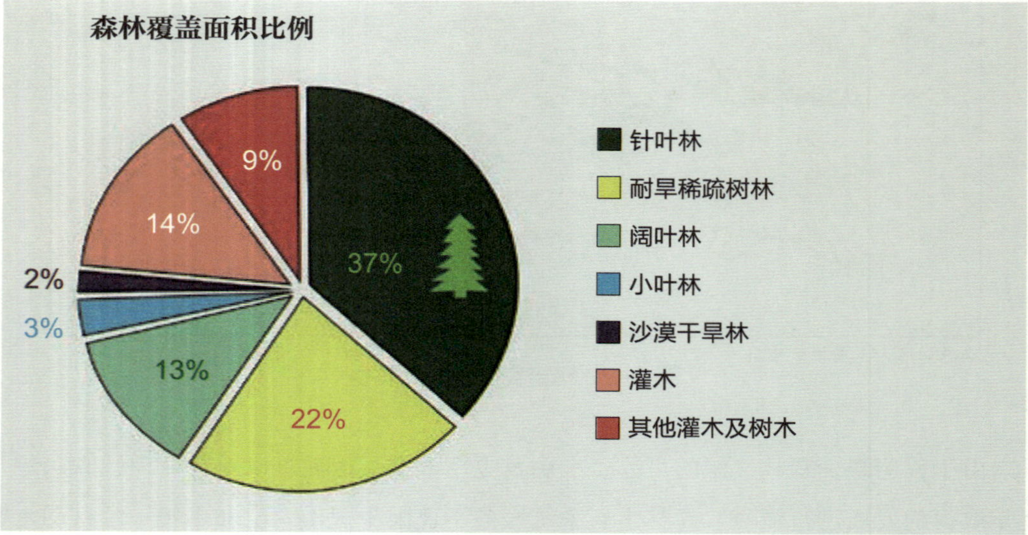

图 1–3　森林覆盖面积比例

1.5　森林分布和特征

森林分布和特征，如表 1–1 所示。2016 年 1 月 1 日估算的塔吉克斯坦国家森林基金的土地总面积为 185 万公顷，由塔吉克斯坦共和国政府林业局的国家机构管理。

表 1–1　森林分布和特征

森林的主要特征	单位	指标
全国森林覆盖面积	公顷	421100
天然森林	公顷	340000
人造森林	公顷	81100
平均森林密度	百分比	0.4
活立木总蓄积量	百万立方米	5.1

1.6 森林基金变化

人工林面积储备，如表 1-2 所示。

表 1-2 人工林面积和储备

指标	1990 年	2000 年	2012 年	2013 年	2014 年	2015 年
森林基金总面积（包括转为长期用途的森林）（百万公顷）	1.8	1.8	1.8	1.8	1.8	1.8
森林覆盖面积（千公顷）	408.5	410.0	412.0	412.4	412.4	421.1
包括由林业管理机构监督的区域（百万公顷）	392.3	402.0	402.0	408.0	408.0	408.0
活立木蓄积量（百万公顷）	5.6	5.6	5.10	5.0	5.10	5.11
森林覆盖面积（百分比）	2.7	3.7	3.0	3.0	3.0	3.0

1.7 林地分割

1.7.1 国家森林基金的分布

（1）林地：42.10 万公顷。

（2）牧场：74.17 万公顷。

（3）牧草种植地：2.18 万公顷。

（4）非林地区域：1.92 万公顷。

（5）水下土地（河流和湖泊）：1.77 万公顷

（6）牧道：1.2 万公顷。

（7）沙地：7800 公顷。

（8）不适用土地（石质、多岩石、滑坡）：58.90 万公顷。

（9）园地：3600 公顷。

（10）苗圃：700 公顷。

（11）耕地（旱地）：2000 公顷。

1.7.2 主要优势物种的林荫面积分布

主要优势物种（其生长与不同地区表面的绝对海拔相关）的林荫面积分布如下：

（1）刺柏：15 万公顷。分布区主要在塔吉克斯坦北部地区，绝对高度在 1500~3000 米（中高山地区）。

（2）阿月浑子树：7.9 万公顷。仅分布在降水量相对较低（每年 400~600 毫米）且夏季炎热的南部地区，海拔在 600~1200（1300）米之间。

（3）扁桃树：1.2 万公顷。在塔吉克斯坦分布广泛，物种的范围限于帕米尔 – 阿莱山脉和西部天山山脉。在该地区海拔 600~1700 米范围内生长，在某些地区的海拔更高，超过 2000 米。

（4）榛树：8000 公顷。这个珍贵物种的生长区域在塔吉克斯坦中部（海拔 1000~2200 米）的中山山脉。

（5）枫树：4.4 万公顷。位于塔吉克斯坦中部地区，海拔 1000~2200 米。

（6）梭梭：8000 公顷。生长区主要在塔吉克斯坦最南端的干旱沙漠地区。

（7）河岸森林：38.4 公顷。生长区位于瓦赫什河、喷赤河、锡尔河、泽拉夫尚河下游（主要位于“虎谷”自然保护区）。

（8）桦树：3000 公顷。生长区为吉萨尔和达尔瓦扎山脉。

（9）白杨：7000 公顷。生长面积几乎是国家森林基金支持的全部区域。

（10）以灌木为主的森林覆盖区：5.84 万公顷。生长着所有植被类型。

（11）其他种植园的份额：1.32 万公顷。

塔吉克斯坦主要造林物种，如表 1–3 所示。

表 1–3　塔吉克斯坦的主要造林物种

序号	物种名称	森林面积 / 万公顷	树木储量 / 百万立方米
1	刺柏	15	346
2	阿月浑子树	7.9	0.3
3	榛树	0.8	0.06
4	桦树	0.3	0.03
5	白杨	0.7	0.05
6	柳树	1.1	0.08

（续表）

序号	物种名称	森林面积 / 万公顷	树木储量 / 百万立方米
7	枫树	4.4	0.68
8	扁桃树	1.2	0.1
9	李树	0.26	0.02
10	梭梭	0.8	0.04
11	河岸森林	3.84	0.26
12	其他种类的灌木（伏牛花、麻黄蔷薇、沙棘、柽柳（柽柳属）等）	5.80	0.1
	总计	42.1	5.11

塔吉克斯坦共和国虽然是一个树木稀少的经济体，但目前森林资源的作用和重要性在全国气候变化和社会变革方面尤其重要。大多数农村人口（不低于 70%）直接依赖于自然资源。人工林不仅具有重要的环境功能，可保护山坡免遭侵蚀、滑坡及其他自然灾害，还可形成跨界河（如阿姆河和锡尔河）的水流。

由于森林资源的存在，当地人口在木柴、水果、药用和食用植物方面基本上实现了自给自足。此外，森林地区是许多野生物种的栖息地，集中了动物群多样性的主要物种。此外，许多林地是放养牲畜的牧场，这通常会对森林资源和生活在森林地区的野生生物的状况造成不良影响。

因此，森林生态系统条件还取决于土壤的条件和肥力、水资源的可用性、动植物的生物多样性以及塔吉克斯坦人民的福祉。

尽管塔吉克斯坦森林资源十分有限，但树种和灌木的多样性相当丰富。此外，在塔吉克斯坦的树木植物群的组成中，有超过 50 种代表用于科学和选择工作的独特基因库的野生果树。树木植物群中任何树种的损失都是经济体不可挽回的损失，而全社会仍未真正意识到这一点。

主要森林类型，如表 1–4 所示。

表 1-4　主要森林类型

主要森林类型	每种类型的森林覆盖面积 / 万公顷
刺柏林	15
阿月浑子树	7.9
枫树	4.4
榛树	0.8
扁桃树	1.2
梭梭	0.2
沙棘	0.2
白杨林、柳树	0.2

由于气候变化的原因，最脆弱的森林类型为在极端条件下生长的类型。这些森林类型包括首先是在塔吉克斯坦最南部的沙漠地区生长的梭梭，其次是在塔吉克斯坦南部的低地（其气候特点是高温和低降水量）以及高地中刺柏林带上部（其降水量极少、土壤贫瘠且温度低）生长的一些阿月浑子树。

归因于山坡的开发和燃料及能源资源，毁林规模因未经授权的砍伐而有所增加。在过去 20 年里，许多地方的非法伐木减少了森林面积。白杨、梭梭、阿月浑子树、扁桃树和欧洲榛均受到影响，其面积大幅减少。在许多地区，用不同类型的灌木替代了具有经济价值的树种。

此外，在国家森林基金区域肆意放牧、不遵守轮牧制以及未改进牧场生产力措施是大面积林地退化的主要原因。

人工林保护功能的削弱导致了出现如下情形：大面积人工林现在受到昆虫繁殖区大爆发的影响，森林和果树中的病虫害大大降低了人工林的生产力并且对森林遗传资源状况造成了非常不利的影响。

荒漠化的发生主要是受人类活动的影响和气候变化的刺激。过度放牧是荒漠化的主要原因之一。

由于国家森林基金支持区域内日益增多的密集的农业活动，目前特别相关的问题是对稀有和濒危动植物物种的保护。

保护森林生态系统珍稀物种最有效且最常用的方法是在特别保护自然区（SPNA）

中对其加以保护。然而，自然公园和保护区不符合现代要求。国家公园和自然保护区周围的经济活动较少，并且在国家公园和自然保护区中的动植物保护状态不佳。

结果，动植物珍稀物种的数量日益减少。遗憾的是，频繁违反环境和储备状况（包括偷猎）的情况变得司空见惯，现如今甚至成为“常态”。例如，“罗密特”自然保护区和所有其他自然保护区中的牲畜放牧变得司空见惯。

除了未经许可的非法砍伐之外，人工林面积减少及其状况恶化的主要原因之一是森林文化工作急剧下降且质量欠佳。

近几十年来林业所进行的再造林工作量大幅减少。1990 年，通过播种和种植创造了 4500 公顷的人工林，目前平均面积仅为 1500 公顷，即减少了 1/3。此外，森林文化工作的质量显著下降，关心和保护森林免受损毁及其他侵害的状况同样不佳。

1.8 牧场森林资源

在塔吉克斯坦共和国国家森林基金总陆地总面积中，超过 50 万公顷现在用作牧场。牧场中的基本乔灌木树种有刺柏、阿月浑子树、布哈拉扁桃树、梭梭和枫树。

牧场中的森林大多稀疏，密度为 30%。林业中分配给涉农企业（农民）的牧场的长期使用年限为 10 年。此外，林业当局根据与当地居民达成的协议规定了牧场使用的区域。

牧场受农业部、环保部和林业部的保护主管部门监控。监控根据《塔吉克斯坦共和国牧场法》和林间放牧规定的要求实施。

1.9 造林和再造林

根据塔吉克斯坦共和国政府批准的 2006~2015 年期间的林业发展计划，为了提高林业能力和改善环境，种植了 1 万多公顷的新森林（图 1–4）。

造林和再造林指标的对照如表 1–5 所示。

图 1–4　塔吉克斯坦造林和再造林

表 1–5　造林和再造林指标的对照　　单位：万公顷

项目＼年份	1991 年	2000 年	2010 年	2012 年	2013 年	2014 年	2015 年
造林和再造林	4.0	1.0	2.2	2.1	2.2	1.9	1.9
包括种植和播种	3.9	1.0	2.2	2.1	2.1	1.9	1.9
促进自然再生	0.1	–	–	–	–	–	0.36
总计	4.0	1.0	2.2	2.1	2.2	1.9	1.9

1.10　城市林业和生态旅游

杜尚别市区有一家面积为 900 公顷的森林和公园企业“波别达”，属于杜尚别的市政厅。森林公园的主要用途是休闲娱乐。

森林公园中最受欢迎的时期是夏季，成千上万的市民在周末匆匆赶来森林公园，在大自然中放松身心。现有人工林常绿树种：柏树、埃尔达松、刺柏；观赏落叶树种：阿月浑子树、扁桃树、榆树、西伯利亚榆树、金合欢属植物；山楂树、臭椿属植物；果树：李树、樱桃树、苹果树、胡桃木、石榴树、葡萄藤等。

按照塔吉克斯坦共和国总统的命令，开发了在森林公园区域建造新森林的项目，2005~2008 年期间种植了 240 公顷人工林，共 4.3 万株不同树种的幼苗。

早在前苏联时期，塔吉克斯坦政府于 1973 年将瓦尔佐布高山峡谷中超过 1.2 万公顷的游憩用地分配给杜尚别居民。

瓦尔佐布峡谷直接与杜尚别市毗邻，风景如画，生长着多片自然森林，包括常绿针叶林和坚果树、悬铃木、枫树及其他落叶树。

此外，瓦尔佐布峡谷是通往山区北部地区的最美丽的徒步旅行路线之一，还有一个旅游区“瓦尔佐布”，距离杜尚别 12 千米。

塔吉克斯坦极其美丽的山区自然风光、迷人的原始风貌和多样性吸引了众多游客、登山者、水上旅游爱好者。

塔吉克斯坦是全世界公认的旅游和登山区。

其中一个最受欢迎的度假目的地和旅行地是旅游中心“亚历山大大帝湖”（图 1–5），位于风景如画的山地湖亚历山大大帝湖沿岸。

图 1–5　亚历山大大帝湖

距离苦盏市 20 千米，有一处露营点“塔吉克海”，每到夏季，这里总是十分拥挤。此外，还有登山健行路线：“樊山”“蓝湖”“古丝绸之路”“索格底亚那之路”等。

为发展塔吉克斯坦的旅游业和登山运动，塔吉克斯坦共和国政府通过了塔吉克斯坦国家旅游发展计划和《塔吉克斯坦共和国旅游法》。

1.11 社区森林管理

1.11.1 社区森林管理概述

（1）农民和租户生活或长期使用土地的合法财产权，即土地证书或租赁的存在。

（2）农民和租户对其权利和权力的认知依据现行立法和法律文件（《塔吉克斯坦共和国土地法》《塔吉克斯坦共和国森林法》《塔吉克斯坦共和国税法》《塔吉克斯坦共和国德罕肯（农民）农场法》《塔吉克斯坦共和国租借法》，以及一些地方主管部门制定的规定等）。

（3）集体规划建立小型树木苗圃，开展侵蚀控制活动、农林业活动和结果讨论，以便为联合活动制定更加有效且高效的方法。

1.11.2 农林业在社区森林管理方面的潜在作用

农林业涉及农业用地的规划和使用，在农业用地上将交替种植乔灌木和不同作物。这种土地利用方法有助于农业系统的环境可持续性，并且通过创造可持续的农业植物群落来提高农业用地的生产力。

因此，农民和租户除了拥有农产品之外，还有机会获得家用木材和针对家庭的商用木材，收获水果、坚果、各种浆果以及高产草原。

应当指出，作为一个系统的农林业在经济和环境方面对农民和租户都有许多重要的好处。

1.12 林产品的生产、消费和贸易

1.12.1 木材采伐和木柴率

塔吉克斯坦批准的木材采伐量为7000~8000立方米。2015年采伐工业圆木的标准缴费率为每立方米245索莫尼（37美元），但所适用的缴费率因具体地区而异。

木柴的官方国内供应基于每年计算的采伐率（用于间伐和卫生伐）。近年来，相应的限值范围在7500~8500立方米之间。然而，这种限值远远无法满足对薪材的更高需求，

约 70% 的人口依赖薪材作为加热和烹饪用能源。

非法采伐或多或少弥补了低水平供应和相当高水平的需求之间的差距。据官方估计，非法采伐量在 1000~1500 立方米之间。然而，其他估计结果表明，薪材的实际年度数量可能比官方限值高出 10 倍。

由国家林业部门官方供应销售给私人家庭和其他人的薪材；林业企业有权以较低价格出售，以确保其可用性，尤其是出售给全体居民。木柴的标准价格相对较高，2015 年为每立方米约 105 索莫尼（约 15.5 美元），不包括运输成本。

1.12.2 狩猎费

国家森林基金的土地也用于建造狩猎场，但大多数可以狩猎的重要野生动物都生活在森林以外地区。在森林领域内狩猎需受林业部门管制。在国家森林基金外狩猎主要是在私人狩猎租借地的范围内进行组织。

为了促进对狩猎动物中受威胁物种的保护，塔吉政府近年来一直支持社区级野生动物管理方法。这些社区依照保护塔吉克斯坦山地有蹄类动物的计划管理物种的种群，如捻角山羊（螺角山羊）、西伯利亚野生山羊和帕米尔盘羊。归因于野生动物的保护和可持续利用，也就是说，为了防止不可持续的狩猎，这种机制为当地人口提供了收入来源。

为肉类供应而狩猎动物物种是当地人口进行狩猎的主要原因，但狩猎也是当地猎人的收入来源，当地猎人常常担当向导从事国际狩猎旅游业。由于对红皮书中所列动物物种的战利品狩猎活动的流行，狩猎权的费用也已成为国家预算的一个重要收入来源，因为支付价格非常高。

例如，2011 年，帕米尔盘羊（图 1–6）的狩猎费用为 55000 索莫尼（8250 美元）。在狩猎季中仅限狩猎 65 头帕米尔盘羊，这带来了约 360 万索莫尼的总收入（54 万美元）。2015 年，帕米尔盘羊的年度限值设定为 85 头。2015 年，捻角山羊（图 1–7）的年度限值是 7 头，羊头的价格为 213500 索莫尼（约 34000 美元）。

图 1-6　帕米尔盘羊

图 1-7　捻角山羊

1.12.3 源自狩猎支付款的收入分布：

（1）国家预算：15%。

（2）经济体经济发展稳定基金：5%。

（3）环境保护委员会：20%。

（4）环境保护委员会地方机构：60%。

2014 年的《塔吉克斯坦共和国狩猎与狩猎经济法》确立了在狩猎许可证方面支付款的分配原则，然而由于需要采用适当的实施条例，该原则尚未实施。该法律规定了以下收入分配方式：

- 40% 的收入转入狩猎地区的定居点政府和村庄的专用账户。这些资金用于资助农村社会经济发展、环境保护和高效利用狩猎动物而采取的措施。
- 20% 的收入转入保护区专项基金（仅适用于在保护区或附近进行狩猎时）。
- 40% 的收入转入狩猎场中授权国家机构（林业局）的专用账户，以资助与可持续控制狩猎动物群体相关的工作。

2011 年的《塔吉克斯坦共和国森林法典》包含关于使用经济手段进行森林管理的规定。到目前为止，其包括对木材（工业圆木）以及薪材采伐收取费用。然而，木材的量非常少；塔吉克斯坦没有森林工业，并且主要用于建筑用途的大部分木材来自于进口。

依照 1993 年的《塔吉克斯坦共和国森林法典》，商业木材采伐被禁止。只允许出于维护森林和改善森林状况而进行采伐（间伐和卫生伐），以这种方式采伐的所有木材都用作燃料，主要用于农村人口的采暖和烹饪。

2011 年的《塔吉克斯坦共和国森林法典》规定，应该考虑“森林的有用特性、森林资源的质量和可获得性以及森林产品的市场价格”确立使用费。还有一项规定涉及使用财政激励措施（林地基金），通过造林以及将以前的农业用地转为林地来增加经济体林地的森林覆盖率。

1.13 影响森林和林业的内部和外部因素

2015 年，林业局年度预算为 1552 万索莫尼（约 252 万美元），其中 70% 计划用于支付工作人员的薪水，包括超过 40 个林业部门的工作人员。剩余的少量用于投资活动的资金不足以正常维持国家森林基金和动植物管理。

林业部门要实施其日常活动，从根本上取决于商业活动的收入。2006~2015 年林业发展计划（2005 年第 396 号政府决议）经历了严重的资金短缺，只有 30% 的预计资金需求得到国家预算的资助。

大多数农村人口的生活和生计手段在很大程度上取决于各种资源的使用、生物多样性和相关生态系统服务的持续提供。缺乏适当的国家级法律规定、有效监测和自然资源习惯性使用（例如，砍柴、放牧、狩猎、捕鱼和诱捕野生动物以向国外出售、采集野生药用植物、森林水果和浆果）的可持续性管理，很容易成为对生物多样性和自然资源产生负面影响的因素。

由于数据不足，无法对 2010 年后生态系统和物种多样性的负荷水平变化进行适当评估。

1.13.1 毁林和木材储备

现今，最大的担忧可能是大规模牛群放牧这一不可持续做法对森林和非森林生态系统造成不断增长的负面影响。这种负面影响的后果不仅是持续和加速的毁林进程、森林和非森林植物群落的毁坏，以及各种野生动植物物种栖息地的丧失，而且还包括土壤侵蚀和荒漠化的进程加强。

尤其是冬季牧场的退化降低了它们的再生潜力、生产力和承载能力，进而减少了牲畜的收益率。由于受伐木和集约式放牧的影响，预计刺柏林的面积每年减少约 2%~3%。由于在阿月浑子树林进行集约式放牧，它们已经无法自然再生。在森林地区进行肆意放牧和非法伐木，在几个小时内就可使得已经进行了好几年的再造林和造林计划的有益作用归零。

根据多方信息源，影响森林生态系统的另一个因素是为获得薪材而非法伐树以及采伐薪材，由于其他能源的可用性增加，比如家庭采暖用煤，因此在过去10年中采伐薪材的规模已经有所减小。

在塔吉克斯坦东部地区，这种有利的变化对于减少用作燃料和饲料的小灌木驼绒藜的采伐量所起到的作用也是至关重要的。据报道，驼绒藜的集中采集与大规模牛群放牧共同导致了这种物种在帕米尔山脉的一些地区灭绝。

2013年木材库存总量估计值为将近600万立方米（598.8万立方米），超过2014年统计年鉴中给出的估计值510万立方米。大多数农村人口（70%或500~600万居民）仍然使用木材作为最经济实惠的主要燃料。因此必须通过与薪材的年需求量相比较进行木材库存量评估。考虑到当地的气候条件（尤其是在山区）、房屋保温质量以及供暖效率和目前在塔吉克斯坦使用的烹饪方式，根据一些信息来源，薪材的年平均需求量为每人3~4立方米。因此，塔吉克斯坦所有森林中活立木的总库存不足以满足国内一年的木材需求。

木柴的主要来源是私人家庭栽植园，尤其是那些面积较大的栽植园，这些栽植园还可以为当地居民提供种植更多木本植被的机会，以满足他们对薪材的需求，无需任何额外的费用。另一个常见的免费采伐木柴的来源是在灌溉农业用地上的森林防护林带、梭梭林保护区或山脉峡谷中沿路边、田地和河道岸边的树木植被带。此外，由于塔吉克斯坦的大部分农业用地更适宜养家畜而不是生产作物，因此在一些地区干粪是比木材更常用的燃料。例如，在帕米尔高原等山区很少使用木材作为燃料。一些村庄采用煤炭供暖。随着高地上通电的定居点数量增加，对木柴的依赖性日益减少。

广泛推广果树种植，包括在土地已经退化的旱作农业地区发展园艺和葡萄栽培的计划。当地社区和个体农户更愿意种植和培育果树，而不是森林。因此，市场上对种植果树的需求显著高于典型森林树种的树木。明显的原因是果树在种植后几年内开始结果并且立即获利，而在塔吉克斯坦，尤其是在条件恶劣的山区生长的一些种类的森林树木，在100~200树龄时才达到木材采伐的最佳经济成熟龄。林业面临的另一个挑战是，在可用土地和财政资源竞争中，果树种植场规划可能会击败再造林。

毋庸置疑，果园和森林是非常不同的生态系统，具有不同的生态功能。就薪材和用于建筑和工业加工木材的材积和质量而言，栽植园永远无法与森林相提并论。当然，战略问题在于如何确定专用于果园种植的耕地和分配用于森林种植的土地之间的期望最佳比例。

相对少量的薪材源自国有森林；这些薪材要么直接卖给公有林机构（林业企业），要么按照联合森林管理的原则由最终消费者采伐。由于森林所具有的生态功能非常重要并且森林数量太少，塔吉克斯坦的所有森林均被归类为保护性森林。从林业企业购买的木材量不能满足需求。因此，非法木柴采伐和非法伐木的现象仍然普遍存在。

由于缺乏关于森林监测的统计数据，因此无法提供非法采伐木材的材量。根据可用信息，非法伐木显著减少（在过去 10 年间减少了多达 90%），主要是归因于其他能源的可用性增加。不过，在村庄附近不适合放牧的地区为种植能源材而建立种植场可以进一步减少持续高强度压力对森林资源的负面影响。

其他一些传统的收获非木材林产品的方法（例如，在柳树或白杨林的开放树荫处割草，准备用于喂养牲畜的干草，采集野生森林水果、浆果、坚果和蜂蜜）对森林生态系统的影响相对较小。根据多方信息源，采集药用植物（超过 60 种野生植物以及种植在特殊林地中的约 22 种植物）每年可产生 250 万 ~560 万索莫尼的收入。然而，在缺乏有效控制的情况下，过度采伐可能导致珍贵物种的灭绝（在红皮书中列出的至少两种珍贵植物物种中已经发生这样的情况）。

1.13.2 其他影响因素

对生物多样性和生态系统的人为压力的其他因素与去除生物多样性无关，包括将自然生态系统转变为农业用地（如 2003 年的“萨里科索尔”自然公园）；在实施基础设施投资项目过程中栖息地和景观的破碎化、退化或破坏；在物种迁移的路径中设立障碍物（具有鱼梯的水电站坝）；在保护区范围内非法建造定居点（如 20 世纪 90 年代的“罗密特”国家自然保护区）以及引进外来入侵物种。水生和半水生生态系统正在受到废水排放的影响。气候变化几乎影响着塔吉克斯坦所有的现有生态系统。在不久的将来，这些因素很可能会有所增加。

2. 林业对经济发展的贡献

2.1 社会和经济方面

林业对国家政策的贡献由以下持续发挥作用的关键因素决定，在制定国家经济和社会发展计划时应予以考虑：

（1）森林的独特性、森林的物种多样性和无价的遗传资源以及野生水果物种中最重要的代表种类，其代表着繁育国际红皮书中列出的珍稀动植物的科学和实际利益。

（2）森林的生态重要性及其对环境的作用，其体现在抗侵蚀、保护土壤和治水功能上。

（3）获取木材、非木材、食物和技术林产品、各种草药原料的可能性。

（4）在国家森林基金领地内存在大型牧区，其占经济体牧场（夏季和冬季）的三分之一。

（5）利用国家森林基金发展园艺、苗圃业务、养蜂业、畜牧业，尤其是养马业和雨养农业。

另外，一个林业对经济体社会政策的最重要贡献应是国家森林基金的领地是那些失去固定工作，尤其是生活在远离区域和地区中心的大量人口的家园，他们的生活水平取决于他们所生活的自然区的经营成果。

居民的主要收入来源是私人牲畜养殖、园艺、农业和较为少见的养蜂业。

采伐薪材、采集非木材林产品和使用林地来割干草和放牧以及种植农作物是生活在山区的居民维持生计的重要手段。

居民们的其他收入来源可能是参加季节性工作，在最好的情况下，可以成为森林企业中造林工作、人工林卫生工作和执行其他林业作业的长期工。

2.1.1 经济效益

有可能获得更高产量的可用于自己消费或在市场上出售的农产品。

（1）能够生产各种食品和植物油、木材、建筑木材、药用植物。

（2）与农作物耕种或仅在人工林中栽培相比，改进的农林复垦将在单位面积上生产更多的食物和非木材林产品。

（3）届时农户或佃户的劳动效率将更加有效。

（4）参与活动的农户和佃户的财务指标将更高。

（5）在同一地点种植更多的农作物将减少可能因任何单种作物减产而造成经济损失的风险。

2.1.2 环境效益

（1）该地区树木或灌木种植场的存在将有助于防止侵蚀和改善土壤肥力。

（2）树木和灌木的根系有助于从土壤更深层转移养分，在土壤近地表层中的草和农作物的根系无法吸收到此类养分。

（3）有可能产生氮，从而使树木和灌木（白色和黄色金合欢和其他豆科植物）土壤更加肥沃。土壤氮可用于栽培的农作物。

（4）由于土壤和阔叶灌木相融合，土壤的水文状况会得到改善。

（5）因此，该地区树木和灌木的存在将为可耕种的农作物形成更有利的微气候。

（6）丰富草本植物的物种多样性，增加草田的生物量。

（7）降低栽培区内滋生虫害和真菌病害的风险。

（8）减少杂草在农户或特许经营区内滋生的机会。

2.2 森林和林业的扶持与投资以及鼓励林业发展的经济激励措施

过去 3 年国家预算用于森林恢复的森林管理活动的年费用平均为 160 万索莫尼或占林业部门资金需求的 6.2%。

国家预算的资金不足以支持现有后勤基地的维护、修复和运营。

林业部门的部分融资也由森林企业通过销售林产品和提供生态系统服务所得的收入进行。通过对 2012~2013 年收入来源进行分析得出，林场收入还不到林业活动收入的 55%。

考虑到大面积低生产率地区的存在和林产品的当前定价情况，林业企业的盈利能力处于非常低的水平。计算共和国林业的平均利润率时，考虑到了已提供资金的预算和预算外经费以及 2012~2013 两年期间获得的收入。虽然目前的森林资源和盈利机会可以提高至少 60%~70%，并且盈利能力水平提高至 80%，但平均利润率仍低于 50%。

此外，增加森林企业收入的主要制约因素之一是代理定价机制，其对激励森林企业提高林业生产量产生了影响。在接下来的两年里，林产品的价格将由林业局确定，而且与当前的市场价格不一致。

应该注意的是，目前还没有针对国有林业企业预算支出和自有资源的监控机制。

几乎不存在私营部门参与经济体林业发展的情况。世界实践表明，发展中经济体对林业的私营部门投资额是在官方发展援助框架内森林部门捐赠者投资额的 7 倍。其中一个主要原因是缺乏针对国内外投资者的潜在部门相关可用信息和分析。

林业部门也由捐助者在具体方案框架内进行资助。考虑到 2015~2017 年方案，捐助者对塔吉克斯坦森林部门的年捐款额为 200 万欧元。

前苏联时期塔吉克斯坦共和国的森林属于第一类森林，并且发挥了不同寻常的保护经济的作用。在 2011 年通过了《塔吉克斯坦共和国森林法典》之后，引入了多功能森林管理方法，即综合利用森林的所有功能特性并且引入商品林业。

术语“商品林业”指的是旨在获利和基于投资的森林管理。商品林业的原则是公共和私营部门权利平等。

森林部门的商业领域可以是苗圃经济，即生产高质量的森林种植材料，创建用于生产木材、收获坚果和水果以及加工林产品的工业人工林。特别有前景的活动包括生产木柴、建筑用木材和手工艺产品；种植阿魏、阿月浑子树、胡桃木和扁桃树，以及干制野果。

前苏联时期的塔吉克林产品的加工厂（例如，乌兹别克苏维埃社会主义共和国的制药厂、瓦赫达特的罐头厂、戈尔诺－巴达赫尚自治州的一家生产沙棘油的小作坊）现已停止运转。就此而言，一些林产品仍无人生产。目前，林产品采购和加工企业的数量不超过 25 家。造成这种情况的首要原因是林产品初级生产的质量欠佳。

国家森林企业盈利能力极低，不到 50%。员工没有业务规划技能，无法分析其产品的市场和需求，并且不会主动寻求潜在买家。对于某些类型的林产品，有必要进行国际市场调研，并且根据国际要求获得质量证书。

林业对本地及外国投资者（包括国家森林企业在内）投资的吸引力以及林业自身具有该产业固有的特点。例如，对林业的投资需要更长的投资回收期。土地法中对于土地利用方面的限制也阻碍了投资的流动。现行的法规和林业企业的地位并未提供发展商业活动的机会。参与林业产业发展的本地和外国投资者几乎没有。其中一个主要原因是缺乏关于该产业发展潜力和可能性的可用信息。过去两年中，仅从国家预算中拨款240万索莫尼用于栽植200公顷白杨,林业企业自身并未为林业生产投入自有资金。由于低投资趋势持续存在且塔吉克斯坦民营企业和外国投资者未参与，因此不可能激发林业的盈利能力。

总体而言，塔吉克斯坦大多数类型的森林和疏林地的年生长量较低，因此难以通过在塔吉克斯坦实施《联合国气候变化框架公约京都议定书》等国际机制来吸引投资。

由于整个地区的生产能力有限，因此商品林业不能在林业产业中发挥优先作用及增加产能。同时，如果不引入商品林业，则不可能提高林业的盈利能力和增加居民的林产品供给。

2.3 森林、生计和贫困

塔吉克斯坦70%以上的人口居住在林地边界，依靠森林资源生活。有些人出国寻找工作赚取收入。

居住在森林附近的人们合法和非法使用木柴、建筑材料、食品和药用植物、水果和浆果、野生动物和鱼、干草等。

近年来，林业系统吸引了多达1万人从事季节性工作。

3. 林业政策与法律

自最高法而下，塔吉克斯坦法律体系包括宪法；在全国公民投票中通过的法律；塔吉克斯坦参加的国际条约;宪法性法律;法典和规章;议会两院，即马吉利西·米利（国民议会）和马吉利西·纳莫扬达贡（众议院）的联合决议;马吉利西·米利和马吉利西·纳莫扬达贡的决议；总统令；政府决议；部委、国家委员会和其他国家机构的决议以及地方代表和执行机构的法令。

2011 年通过的《塔吉克斯坦共和国森林法典》取代了 1993 年的“法典”。《塔吉克斯坦共和国森林法典》规定了林业的组织，国有森林的监控和核算，森林管理的造林、再造林和许可证申请文件，并且确定实施森林保护国家检查。根据 1993 年的“法典”，仅当实施卫生伐和类似砍伐时方允许采伐木材；与之相比，2011 年的“法典”则包含有关木材采伐和薪材的规定。1993 年的“法典”将森林划分为不同的类别，但塔吉克斯坦的森林仅归为第一类。2011 年的“法典”未将森林划分为不同的类别。根据森林的功能，该“法典”将森林分为 5 个保护类别（水源保护林、防护林、卫生游憩林、特别保护自然区森林、种仁生产和果树种植场森林）。但是，该“法典”并未规定所有这些类别森林的控制方式。

2011 年通过的“特别保护自然区法”取代了 1996 年的《塔吉克斯坦共和国特别保护自然领土和对象法》。2011 年的法律增加了一个新类别——国家动物园，并且更为详细地描述了所有类别的保护区，其中包括国家自然保护区；国家公园；自然保护区；国家动物园；国家天然纪念物；生态民族区；树木学公园和植物园；自然景观旅游地、治疗和游憩区。《塔吉克斯坦共和国特别保护自然区法》描述了对特别保护自然区进行保护和利用的战略规划的原则，这些原则应在社会经济发展的概念、战略和方案框架内进行，并且应以国家环境方案为基础。虽未提及国家生态网络，但“特别保护自然区法”也包括了安全（缓冲）地带和生态走廊的概念。其中一章是有关具有国际重要性的特别保护自然区（尤其是纳入具有国际重要性的世界生物圈保护区、湿地网络的区域以及跨国自然公园和保护区）的内容。

2014 年的《塔吉克斯坦共和国狩猎和狩猎经济法》全面调控狩猎管理，通过该法的原因是促进战利品狩猎。狩猎动物分为受限和非受限两种类型。受限物种包括濒临灭绝的和列于红皮书中的狩猎动物。依照《塔吉克斯坦共和国狩猎和狩猎经济法》，将通过包括新狩猎条例在内的数个条例。同时，2011 年的环境保护法和现行的狩猎和狩猎经济条例（1997 年第 324 号政府决议）直接禁止狩猎红皮书中所列的所有物种。

2012 年通过的对 1999 年《塔吉克斯坦共和国旅游法》补充了塔吉克斯坦的旅游类型、“国际狩猎”概念或外籍人士参与的狩猎。

对《塔吉克斯坦共和国森林法典》（2011 年）、《塔吉克斯坦共和国水产业、渔业、鱼类资源保护法》（2013 年）、《塔吉克斯坦共和国狩猎法》（2014 年）进行了全面修订。通过基于拍卖分配狩猎区等管理形式，新立法实现了生物资源的利用和保护机制。制定新法律时并非总会采用附则，这导致在实践中没有充分实施新立法。

国家政策旨在实现森林保护和林业可持续发展，包括目前的土地和森林资源的有效利用、向市场经济转型的困难时期以及国家经济根据新发展情况作出调整。

从塔吉克斯坦独立的前几年起，政府政策就旨在制定可为新的政治和经济条件下的林业可持续发展提供机会的新立法以及定义经济发展战略的基本方案文件。

根据《塔吉克斯坦共和国宪法》第 13 条，“土地，及其底土、水、空气、动植物和其他自然资源是国家的专属财产，国家保证以符合人民利益的方式对其进行有效利用。”

（1）2009~2019 年国家环境计划。

2009~2019 年国家环境计划（2009 年第 123 号政府决议），以及此后制定的行动计划（2009 年第 602 号政府决议），是环境保护领域的关键战略文件。环境保护委员会每年报告政府计划的执行情况；报告只反映了该行动计划的其中一些措施。

（2）关于具体环境问题的战略文件。

有一些涉及具体的环境保护方面问题的战略文件，包括关于生物多样性保护和可持续利用的国家战略和行动计划（2003 年第 392 号政府决议）、关于特别保护自然区发展的 2005~2015 年国家计划（2005 年第 79 号政府决议）、关于改善清洁饮用水供应的 2008~2020 年计划（2006 年第 514 号政府决议）和关于铀矿石加工尾矿修复的 2014~2024 年国家构想（2014 第 505 号年政府决议）。

国家森林基金包括土地、森林、水体和其他自然资源，这些均为国家财产，可以转让给林业企业永久使用，以实现林业发展的预期目的。

在国家立法中，没有私人土地所有权。

允许以合同方式长期（10~20 年及以上）租赁土地，甚至根据终生继承占有权的条件，有权将租赁关系转移给一起生活和工作的家庭成员或劳务经济成员（租赁集体）。

近年来，林业部门已经广泛使用的地租形式。通过前几年的实施情况来看，结果证明其产生了积极影响。地租形式使租户对经济体土地改革的不可逆性逐渐产生了信心。此外，租户收入主要由其自身的工作结果决定，并在很大程度上取决于其自身。

除个人外，还订立了家庭和团队合同。根据合同，收获物的一部分归租户所有。

租赁关系受塔吉克斯坦共和国政府于1995年4月11日通过的塔吉克斯坦共和国“有关租赁”的特别法律的制约。

塔吉克斯坦政府于2001年12月5日通过的《塔吉克斯坦共和国土地评估法》确立了土地估价的法律依据。土地地籍估价由经济体进行，目的是确定用于各种用途的土地的地籍价值。

土地估价的目的是确定土地的标准性价格，以进行客观征税和出租。因此，确定土地税的基础是土地使用者的土地——地籍文件（表3–1）。

表3–1　地籍文件

塔吉克斯坦共和国政府和法律和决议	通过年份
塔吉克斯坦共和国环境保护法	2011年
塔吉克斯坦共和国森林法典	2011年
塔吉克斯坦共和国植物界保护和使用法	
塔吉克斯坦共和国动物界法	2008年
塔吉克斯坦共和国保护区法	2011年
塔吉克斯坦共和国狩猎和狩猎经济法	2014年
塔吉克斯坦共和国行政犯罪法	2008年
塔吉克斯坦共和国刑法（关于植物和动物部分）	2008年
计算塔吉克斯坦共和国森林中组织和公民对林业企业所造成损害的处罚力度的费用；经塔吉克斯坦共和国政府批准	2014年
塔吉克斯坦共和国截至2019年的国家环境发展计划；经塔吉克斯坦共和国政府批准	2009年
狩猎和狩猎经济条例；经塔吉克斯坦政府决议批准	2015年
国家森林保护条例；经塔吉克斯坦共和国政府决议批准	1999年
“有关林业领域授权国家机构规定”的塔吉克斯坦共和国政府决议	2014年
“有关塔吉克斯坦共和国政府下属林业局批准”的塔吉克斯坦共和国政府决议	2014年
“有关自然保护区进一步工作扩展”的塔吉克斯坦共和国政府决议	2015年
“有关有权持有武器的国家督察员名单”的塔吉克斯坦共和国政府决议	2015年

3.1 短期和长期林业规划

依照塔吉克斯坦共和国经济发展计划，塔吉克斯坦共和国政府制定并批准了2006~2015年林业发展计划，在此基础上制定了年度森林管理计划。

基于计划实施结果，塔吉克斯坦政府提供了一份详细报告。

遗憾的是，计划的造林量和一些其他重要工作仍未完成。

为了实现长期林业发展，塔吉克斯坦共和国制定了2016~2030年林业发展战略以及2016~2020年主要经济指标发展计划。

3.1.1 该战略规定的主要目标

（1）保护森林生物多样性、恢复和保护森林、增加森林规模并提高其生产力。

（2）提高在气候变化背景下提供的生态系统服务的质量和数量。

（3）通过吸引林业企业家和提高森林管理效率促进经济发展。

（4）通过让当地居民参与森林管理和基于可持续森林利用提供森林产品来改善当地居民的福利。

3.1.2 实现上述目标的指标

（1）新种植1万公顷森林。

（2）森林生产力翻一番。

（3）国有林的盈利能力翻一番。

（4）涉足林业部门的注册企业家数量从25人增加到100人。

（5）在林业合同联合管理框架内涉足林业部门的家庭数量从目前的565户增加至5000户。

该战略明确了塔吉克斯坦共和国森林部门的以下优先事项：

（1）制度、法律和财务改革：

- 改进管理系统和加强森林部门机构。
- 改进法律框架和加强使用权。
- 建立林业部门可持续融资体系。

（2）保护和增加森林面积和生产力：

- 商品林业。
- 利用联合森林管理的方法使当地社区参与森林管理。
- 再造林和造林防侵蚀，游憩林和特别保护森林。

（3）林业发展基础：

- 种子和苗圃部门的发展。
- 进行登记、监测和森林管理。
- 潜在商品林业人员的挖掘。
- 林业科学与创新。

3.2 林业政策沿革

Alexander Lehmann 是 19 世纪中期研究泽拉夫尚山的首批植物学家之一，于 1852 年发布了其研究成果。在 1869~1871 年期间，莫斯科大学科学考察队在 A.F. Fedchenko 的指导下对土耳其斯坦进行了大量复杂的地理研究，其中 Olga Fedchenko 主要进行了植物研究。

在 1882~1884 年，A.E. Regel 对现代塔吉克斯坦领土的中部和舒格南地区进行了大规模的植物研究，并在其著作中对树木和灌木植被区进行了详细描述。他发现了大量野生水果物种，指出了它们对于建立物种形成中心以及鉴定作物的起源和形成的重要性。

在 19 世纪 90 年代，V.L. Komarov、S.I. Korzhinskii 和 V.I. Lipsky 对塔吉克斯坦的植物研究作出了伟大贡献。

在 20 世纪初，B.A. Fedchenko 对中亚（尤其是塔吉克斯坦）的植被研究作出了重大贡献。他将塔吉克斯坦的山地森林划分为旱生性和中生植物，在帕米尔 – 阿莱和西天山森林中建立起联系，并且注意到苹果和其他果树种类的广阔群系。M.G. Popov 对植被（尤其是木本植物）的研究作出了宝贵贡献，他提出了中亚植物起源的初始概念。

根据他的研究，这种植物是古代地中海植物的一部分，产生于第三纪后期。由于干燥贫瘠的原因，森林植被主要集中在沟壑中，表示隐域现象。

树木植被的进一步研究与在塔吉克斯坦组织的帕米尔和塔吉克综合考察以及前苏联科学院基地的建立有关。

综合考察队由 P.N. Bogushevsky、A.V. Gursky、M.G. Popov、V.G. Speranskii 等人组成，并在 N.V. 瓦维洛夫的指导下进行了大量研究工作，尤其是针对塔吉克斯坦的野生坚果和水果树种的研究。

在 N.I. 瓦维洛夫的倡议下，在 20 世纪 30 年代初期组织了塔吉克斯坦干燥亚热带科学研究所，遗憾的是该研究所并没有持续很长时间。然而，只有瓦赫什和法扎巴德区域实验站继续存在，目前的运行状况非常差。

在 1935 年，组织了瓦尔佐布山植物站，最初由 F.L. Zapryagaev 领导，然后由 V.I. Zapryagaeva 领导，对该地区草本植物的研究及共和国林业园艺区的进一步发展做了很多工作。关于树木和灌木研究的许多工作是在共和国科学院植物研究所前主任 P.O. Ovchinnikov 的指导下进行的。

其持续工作的成果是塔吉克斯坦科学院植物研究所这一卓越组织，该团队在他的领导和直接参与下编写和出版了许多关于塔吉克斯坦植被的有价值的专论，包括俄罗斯塔吉克植物十卷。

1935 年，A.V. Gurskiy 在帕米尔高原上的霍罗格市建立了高山区植物园，借此针对西方帕米尔的条件提出了科学的造林依据。

新林业组织成立于 1891 年，当时在塔吉克斯坦北部提出了首个刺柏林的森林管理规划。

1930 年，塔吉克斯坦建立了 4 片林地，其中 2 片在现在的粟特州地区的领土上，另外 2 片在哈特隆州地区的领土上。

他们的主要活动旨在保护森林、伐木及收获坚果、开心果、干果、药用原料和工业原料。20 世纪 30 年代的木材量每年超过 6.5 万立方米。在一些地区，还会采集一些木材制作河上的木筏。

1932 年，森林企业首次开始再造林、森林种植，然后设场。

直到 1947 年，林业归苏联塔吉克农业部下辖的林业总局管理，然后组建了前苏联塔吉克林业部，分配了超过 200 万的森林基金。

在过去的多年中，开展了以下工作：组织新的森林企业、积极进行研究开发、发行森林公园建设指南和手册等。在短期内，建设了面积超过 1000 公顷的新人工林和森林花园，组织了所要求数量的森林苗圃。

塔吉克森林实验站原为前苏联塔吉克科学院下属机构，后来于 1965 年转为中亚林业研究所（塔什干）的下属单位。

1953 年，林业的主要森林管理部门和牧场移交塔吉克斯坦共和国农业部管理，几乎整个森林基金被长期分配给农业畜牧企业。

这阻碍了林业的发展。1966 年成立了国家林业委员会，1988 年转变为苏联塔吉克林业生产协会，2004 年与塔吉克斯坦共和国环境保护部合并，并转变为塔吉克斯坦共和国国家自然保护和林业委员会，后来又于 2006 年年底与塔吉克斯坦共和国农业部合并，并于 2008 年初重新设立为塔吉克斯坦共和国政府环境保护委员会。

林业发展成为一个独立的机构国家林业委员会促进了林业作为独立的分支机构的发展。从 1966 年到 1988 年期间，在共和国林业系统内经营超过 30 家木材企业、2 个自然保护区、5 个森林土壤改良站、5 个常设苗圃基地、2 个森林害虫防治生物实验室、1 个林木种子控制站；自营单位包括非木林产品主要工件的“Zagotlesplodosbyt”部门和“狩猎和狩猎经济办公室”。

1964 年，设立杜尚别职业技术学院林业系，负责开展林业专业人员的人才储备工作，该系一直存续至 2006 年。同一时期，林业科学基于塔吉克森林实验站在植物研究所的植物学领域中在以下方面得到充分发展：塔吉克斯坦共和国科学院动物学和寄生虫学研究所中的野生生物学和森林和果树虫害控制生物方法。塔吉克斯坦共和国科学院自然保护司在自然保护区的开发，尤其是在建立新的保护区、鸟兽禁猎区和塔吉克国家公园方面做了大量工作。

近年来，塔吉克斯坦共和国发起了发展青年人参与林业发展进程的青年运动。2010 年和 2011 年，两名年轻林业工作者（Farhodzhon Hurramzoda 和 Jamoliddin Madibron Ikromzoda）成为莫斯科国际青年森林大赛的获胜者和得奖者。

在这些年中，进行了数项森林企业和自然保护区的森林管理规划活动，制定了共和国林业发展总体计划、共和国狩猎总体发展计划、有针对性的保护区“季格罗维亚巴尔卡”综合计划、几乎所有林业经济方面的必要立法材料和科学建议。

在这些年里，建设了数万公顷的人工林和坚果种植场（胡桃木、阿月浑子树和扁桃树）。1988 年，系统地开展了在国家、区域和所有联盟内胡桃木种植发展的林业专题研讨会。

梭梭种植在塔吉克斯坦南部 2 万公顷的固定流动沙地上。某些珍贵树种（如美洲山核桃树）也被引进栽培。此外，在卡巴迪恩林地保留了面积为 40 公顷的工业人工林。

对自然保护区的发展给予了特别重视。第一个自然保护区“季格罗维亚巴尔卡”组建于 1938 年，目前占地面积约 5 万公顷。占地面积 1.97 万公顷的“达史提久姆”保护区和位于帕米尔高原东部的“佐库里”保护区组建于 2002 年；“拉米特”保护区组建于 1959 年，面积 1.61 万公顷；“达史提久姆”保护区组建于 1982 年，面积 8.77 万公顷。在 20 世纪 60 年代末和 70 年代初，在塔吉克斯坦共和国几乎所有自然带组建了 13 个自然保护区，目前仍在运行中。

1991 年组建了塔吉克国家公园，1994 年和 2002 年分别组建了塔吉克斯坦共和国环境保护部下属两处自然公园“希尔肯特”和“萨里科索尔”。

林业与农业协同发展。1967~1990 年间，在森林土壤改良站的帮助下，在农业企业用地上建立了 5000 多公顷防护林带。同时，10 万多公顷农田已经受到保护免受热风侵害，确保农作物（尤其是棉花）产量增加 10%~15%。

国家森林基金领土主要位于山区（90%），而且森林物种组成也大有不同。丹卓弗洛拉森林植被由 268 种物种组成，其中 32 种包含在塔吉克斯坦共和国红皮书中。

塔吉克斯坦森林资源并不丰富，同样，小面积林地在 500（700）米至 3200（3700）米的高度的山坡上形成了断断续续的森林带，从而形成了所有山区旱地典型的特征，即稀疏植被随处可见。森林仅在有恒定灌溉来源的河谷地区汇合。在稀疏林分中，树木间距较大，树冠之间连接不紧密，因此灌木丛和高草丛生长得十分茂盛。

森林分布破碎化非常严重，稀疏森林拥有几乎全部景观价值，成为了一些植物学家否认中亚南部山区存在森林的依据。同时，他们提出将这些空间称为帕米尔－阿尔泰公园、树丛、林地、沙漠森林，热带稀树草原和易于积聚树木之地，从而强调了此地的“非森林”性质。然而，塔吉克斯坦山区典型的自然稀疏树种植场（与人类的影响程度无关）从本质上讲即为森林，并且所有组成部分（尤其在根围）之间具有极强的相互作用。

研究表明，在水分作为种植结构的环境决定因素的干旱稀疏的森林中，树种出现从树木转变为灌木的迹象。它们是矮生、多茎物种，树冠深而宽，树身较短。

塔吉克斯坦森林的下部边界位于海拔约 500（700）米处，在塔吉克斯坦南部相应地零星生长着阿月浑子树。在大部分地区，下边界升至 1200~1500 米，甚至高达 2200 米，这是过去（主要在中亚的采矿起源期）森林大规模毁坏的结果。森林上限位于海拔 3200~3400 米，甚至达到在 3700 米（在高度为 4800 米的帕米尔高原上可观察到一些灌木）。

这里聚集的森林树种是刺柏、桦树和柳树。在多刺草药或嗜寒荒地所占据的非林区背景下存在一种“生态区位”。此处生长的所有树木和灌木均无扩张迹象，其种子的繁殖受到抑制，它们生长在土表，呈现低矮扁平的外貌特征。

1882 年，相关部门提出了首项植树造林工作。共和国森林企业的大规模植树造林始于 1947 年。造林计划未受到阻碍，因为直至 1966 年方才授予国家森林资金的土地长期使用权，并且将该长期使用权分配给集体和国有农场。目前，大部分国家林业基金仍用于夏冬季牧场，难以在其中进行树木种植和农林业作业。

严峻的气候和土壤条件、人工林处于偏远地区以及种植人工林的条件均需要机械化。然而，道路不平、地块分散、缺乏机械化、物质和技术基础薄弱均降低了实施的质量和效率。农业机构目前正在使用国家森林土地基金，尚未采取一些能够提高森林覆盖率、人工林生产率和牧场质量的措施。

约 30 年的大规模肆意家畜放牧已经导致森林被广泛的破坏。

塔吉克斯坦于 1969 年开始开展保护性造林工作，并且在两个方向执行：

（1）在山坡、峡谷、沟渠和其他不适宜耕作（闲置）的集体土地和国营农场上造林。

（2）在灌溉地上建造防护林带。

自 1988 年以来，不再种植防护林带，而是花费大量精力建造梭梭牧场和保护性人工林。在粟特州和哈特隆州地区，每年都会开展此类工程，面积达 500 公顷。这些作物不仅改善了沙地牧场和沙地上的草坪，而且还可作为优质的绵羊和山羊饲料使用。

建立类似于人工林的胡桃和阿月浑子树种植园，目的是保持水土，而不是生产有价值的坚果产品。此类种植场不能作为坚果生产的基础，因为其需要经济体经济的大力扶持。

在 20 世纪七八十年代，塔吉克斯坦存在将胡桃种植转变成密集型产业基础的倾向。然而，其发展受到了阻碍，原因是：首先，缺乏物质和技术基础；其次，缺乏资金支持种植场的建设工作。

尽管存在这些障碍，但是近年来，林业工作者已经种植了 1200 公顷的阿月浑子树（开心果）和胡桃。此外，自 1964 年以来，栽植了 300 万至 1200 万棵白杨插条苗，并且种植了其他树种，可用于提供商业木材和保护所承建道路两侧的山坡免受侵蚀。

直至 1992 年，每年种植的再造林面积达 4500 公顷。自 1993 年起，每年种植的再造林面积减少至 3000~3500 公顷，这是缺乏资金所造成的。

就所种植森林的保护率而言，1960~1982 年 72%，1982~1994 年 68%，1994~2004 年 78%。种植场保护率较低的原因是大多数种植场为黏重土且气候条件不佳，此外，缺乏建造人工林的资金。

从 1992 年到 1997 年，林业部门一直面临着严峻的形势。停止从其他共和国进口煤炭和木材。单一供电系统在俄罗斯时期遭到破坏，从而导致密集的森林开发。

对于大多数农村和区域人口而言，森林已成为唯一的燃料来源，在山区森林也是木材来源，这导致拥有百年历史的古树木遭到破坏。据统计，森林总面积并未减少，但研究表明，森林密度则有所降低，即林木变得更为稀疏。

森林蓄积量减少。可持续森林管理系统变弱，甚至在一些地区完全停止运作。自 1997 年初以来，森林管理领域的形势逐渐恢复正常。

3.2.1 未来发展和林业改革

林业部门的制度体系遵循职能分离的原则。林业局实施林业部门的国家政策。国有森林企业、苗圃以及在一定程度上受到特别保护的自然区发挥了经济功能。此外，还有一些并不执行森林管理活动的其他森林所有者，如塔吉克斯坦共和国国家安全委员会和私人农场。国家林业检查局执行控制职能。森林部门发展的支持职能通过提供服务的公共机构或私人组织进行，如森林研究所。

3.2.2 政府下辖林业局

政府下辖林业局于 2013 年成立（经 2014 年第 132 号政府决议批准的监管部门），负责制定森林、林业、狩猎和捕猎管理、动植物、特别保护自然区等领域的国家政策，此外还在这些领域发挥经济功能并且实施国家管治。林业局的结构包括国家林业和狩猎检查局；国有企业“林业科学研究所”；41 家国家林业机构（负责在国家森林基金区域实施林业活动）；5 个苗圃（单一制企业）以及特别保护自然区的国家机构。

根据林业局的国家林业和狩猎检查局监管条例，强制实行经济体管制，即进行与森林和狩猎资源相关的法律合规审计以及颁发使用狩猎和森林资源的许可证。2015 年年底，国家林业和狩猎检查局尚未行使相应职责；检验监管条例尚未获得批准。

接受林业机构（林业企业）监督的保护区有 13 个，数量与林业局成立之前一样，那时林业官方机构隶属于环境保护委员会下辖的林业和狩猎公共机构。

国家公园和保护区直到 2013 年仍受环境保护委员会下辖国家机构特别保护自然区的管辖，目前受隶属于林业机构的特别保护自然区的国家机构所的管辖。

新成立的林业局与环境保护委员会之间尚无高级别的合作。例如，这表明，“狩猎和狩猎经济”章程细则至法律（2014 年）的正式通过和该法律某些规定的实施（例如，设立部门间委员会以确定狩猎动物限额）有所延迟，这需要两家机构之间的合作。”此外，作为一个经授权的国家林业机构，其权力体现在通过了若干政府条例，在一个特定问题上指定一个或另一个机构为“特别授权国家机构”（例如，2014 年第 435 号政府决定规定林业局负责狩猎和特别保护自然区；2014 年第 523 号政府决议规定环境委员会为植物群保护、利用和繁殖领域的特别授权国家机构；2015 年第 65 号政府法令规定环境保护委员会为红皮书中所列动植物物种保护、利用和繁殖领域的特别授权国家机构）。关于未列入红皮书中但存在于森林基金领土上动植物物种的保护，没有明确说明机构的职责划分。

1991 年以后，林场的数量从 24 个增加到 42 个。目前的林场面积和单位职工人数分别为 4.5 万公顷至 10.8 万公顷和 10 人至 82 人。目前，除 42 家林业企业外，只有 7 家农场拥有确认土地使用权的文件（证书）；缺乏资金和国家森林基金未分配给农业组织阻碍了证书颁发过程。

在某些林业中，没有保留旧的森林管理材料，新创建的森林管理（自 1991 年以来）中没有森林清查材料，这使得森林的规划和可持续管理变得复杂。尽管在林业部门进行了政治集中化改革，但区域林业企业仍然保留了管理和监督职能。

在历史上根据租赁合同或土地使用权证书将一些林地分配给德罕肯农场或个人，但由于对他们森林的控制不足，植被和土壤发生了退化。

政府地方执行机构对森林管理的强烈影响值得注意，尽管林业不属于其职权范围，例如林业主任职位的候选人提案以及关于将国有林地转让给其他用户的决定。

从事森林病虫害保护以及森林火灾扑灭的早期林业防火——化学工作站已停止运作或其中大部分已遭淘汰。森林生物保护工作站也已被淘汰。在没有及时实施依照所要求的数量保护森林免受病虫害的措施的情况下，人工林几乎普遍受到病虫害感染。目前尚无专门从事森林管理的组织。

为解决一些现有问题，有必要做到以下几点：

（1）加强塔吉克斯坦共和国政府下属林业局的政治职能，完成林业部门协调的集中化进程，并且限制国家地方行政机构对林业部门的影响。

（2）加强森林检查并且在森林部门建立有效控制。

（3）监测塔吉克斯坦共和国森林发展战略 2030 年前的实施情况。

（4）在获得其他所有者授权的情况下，加强森林企业的经济功能和林权流转，不再领导森林管理专业组织的林业活动。

（5）创建新机构并且改善现有结构，向森林部门提供服务，并且为其工作创造有利条件。

4. 可持续森林管理的最佳实践

塔吉克斯坦共和国2016~2030年林业发展战略规定了一些活动，旨在通过引入联合森林管理（JFM）、发展商品林业、寻求新的创新方法和发展先进林业技术来保护森林、增加森林面积和提高生产力。

联合森林管理的设想是，居住在林业活动区域的当地居民与国家林业企业共同积极参与林业管理和可持续森林管理。塔吉克斯坦的现行立法和管理框架使得实施联合森林管理成为可能。《塔吉克斯坦共和国森林法典》由国家议会通过并获得2011年8月2日761号塔吉克斯坦共和国总统令批准，其中包含关于联合森林管理的相关条款。

联合森林管理方法包括让当地居民参与森林和社区或居住在林业活动区域的个人之间订立的20年期协议。共同商定的管理计划可规范森林利用和旨在保护和恢复森林的活动量。林业和森林用户商定森林产品的分配，开展森林保育并保护活动的程序以及森林用户必须执行的森林照管和森林恢复。合同中会明确规定各方的角色、责任、权利和义务，该合同可保证经济体森林资源的保存且当地居民可获得与木材有关的合法收入来源。

（1）联合森林管理方法自2006年起在塔吉克斯坦共和国戈尔诺－巴达赫尚自治州的漫滩森林实施。自2013年以来，在法罗和丹哥拉林地的阿月浑子树森林以及科瓦林林地的落叶树森林带和彭吉肯特林地的刺柏森林中实施。

（2）目前，约有600份已经签署联合森林管理合同，涵盖了2000多公顷森林。对在试点地区实施联合森林管理方法的活动进行的分析显示，实施此方法可取得积极成果。

（3）塔吉克斯坦共和国林业局系统内的科学森林研究所进行以下方面的研究。

① 开发培育种植材料泽拉夫尚刺柏的现代方法和适用于刺柏森林的技术。

② 选择坚果品种——阿月浑子实、胡桃和野玫瑰，它们提供了可抗病虫害的高产量优质果树的优树（最好的形式）天然林分选择。

③ 监控野生生物，尤其是在自然保护区“季格罗维亚巴尔卡”和“罗密特”中的珍稀物种，保存动物数量的控制登记，评估环境，为恢复珍稀动物种群提出建议，并且通过执行生物技术建议改善动物栖息地条件。

④ 对主要森林和果树害虫进行生物学研究，并且提出解决这些问题的建议。

4.1 土壤和水资源保护

4.1.1 土壤

基于对土壤形成过程的动态观测，提供了土壤发生和垂直分区结构的新视角，并且得出了塔吉克斯坦最现代的土壤分类，以下为生物气候土壤：灰钙土；山地棕壤；高山草甸—草原；山地草原；高山沙漠草原；高山沙漠和积雪带。

（1）灰棕色沙漠土壤形成于灰钙土带的最干旱部分，年降水量不超过 100~150 毫米，在温度条件类似的地区散布着浅灰色土壤。灰棕色土壤类型具有典型的灰棕色、碳酸盐、灰棕色沙和灰棕色岩石。所有这些土壤都含有少量腐殖质，含低于 1% 的碳酸盐和 11% 的 $CaCO_3$，土壤反应呈碱性。

灰钙土带的典型类型是灰色沙漠、灰色草甸、含盐土、草甸沼泽、灌溉灰色土壤，又细分为生物气候亚型。这些类型的土壤在腐殖质含量上非常不同——在灰色土壤中：浅色 1%~1.5%；典型 1.2%~2.0%；暗色 1.5%~3%。Cha: SFK 高地亚型以上的腐殖质土壤族组成从 0.40 增加至 0.80。水成土中的腐殖质含量增加至 3%~5% H_2O pH 为 7.5~8.5；吸收能力为 10~15 毫克当量 /100 g 土壤。

未开垦的灰色土壤仅在冬春期间才因降水而变得湿润。在这种情况下，浅灰色土壤的润湿深度为 60%~70%，在一些年份，深度为 130~180 厘米。在春季，高达 18% 的 0~50 厘米上层土处于湿润状态，下层 50~70 厘米的土壤全年保持干燥。

在深灰色土壤中，润湿深度可达 2 米或更深。通过中等肥沃的未开垦灰土中土壤的粒度分布，这些土壤的大部分占 0.05–0.001 毫米尺寸 80%~85% 的一部分。占空比达 52%~56%，碳酸盐范围为 2%~3% 到 20%。与未开垦的土壤相比，在第一发育期内腐殖质含量降低。

这是由于在整个生长季节微生物学过程因灌溉而较为密集，而在未开垦土地，这些过程仅在春季和秋末时较为积极地进行。然而，根据罗扎诺夫（1951），经过 30 年或更长时间的长期灌溉，即所谓“灌溉”或老式灌溉，棉田土壤一米层中的腐殖质含量高于新灌溉和未灌溉地区。

结果是，长期灌溉沉积物发生沉积，在 1 升水中的沉浊度为 5~7 克，其容量达到 1~4.6 立方米（取决于发育阶段和地形），并且形成各种形状的杯状地形。根据灌溉土壤的数量和位置，碳酸盐接近典型的灰色土壤。由于每年的新灌溉沉积物，它们的分布更加均匀。由于灌溉时这些土壤之间的差异很大，因此将它们分配在单独的分类学单元中——灌溉土壤的类型和灌溉中形成的沉积物。

（2）棕色山地土壤带覆盖800~2800米范围内的山麓和山坡。降水量从西帕米尔高原轻土壤区的200~250毫米至和卓奥比加姆附近的山地棕色淋溶土壤区的1500毫米不等。年平均气温为8~9℃。10℃以上的活动温度总和为1000~4300。

山地棕色钙质土在高大草本半热带草原植被和干旱灌木以下800~1800米的高度处发育。腐殖质层容量为30~35厘米；腐殖质含量为3%~5%；淋溶土或碳酸盐不超过1.2%。

山地棕色典型土壤形成于落叶林、胡桃木、枫树和高大草本半热带草原植被的树荫下。它们在塔吉克斯坦中部海拔1800~2400米内的山脉中比较常见。界限清楚的棕色土壤的典型剖面可用于区分土壤发生层。

腐殖质层深40厘米，含有5%~10%的腐殖质。其下是过渡的颗粒状层。腐殖质的量急剧减少至2%，并且与使用加权粒度测量观察到的泥化过程相关。碳酸盐淋溶至80~120厘米深度处。

山地棕色淋溶土在塔吉克斯坦中部的潮湿地区比较常见，即卡拉特金和达尔瓦兹的希萨尔山脊的南坡。腐殖质含量为10%~15%。pH/H_2O为6.5~7.5，吸收能力为35~40毫克当量/100g土壤，HCl在140厘米深处沸腾。山地棕色土壤中腐殖质族组成的特征是富里酸–腐殖酸或腐殖酸。Cha比值：Cfk从山地棕色碳酸盐中的0.80~0.90增加至棕色土壤中的典型至（1.0），之后增加至淋溶土壤中的1.0~1.5。

山地浅棕色土壤主要常见于塔吉克斯坦北部的库拉马、土耳其斯坦和泽拉夫尚山脉。此外，它们形成于阿莱山脉和西帕米尔毫克当量高原，在海拔1600~2400米之内。这种土壤在稀疏的刺柏和青蒿—蓝草—酥油草植被下发育。

山地浅棕色土壤正常剖面具有以下特征：腐殖质层厚25~35厘米，含1%~6%的腐殖质；该层中含少量碳酸盐，或碳酸盐被冲刷至30~40厘米深处；颗粒状过渡层较松软。

山地刺柏森林土壤常见于土耳其斯坦和库拉马山脉的北坡，海拔为2400~2700米。它们被刺柏和苔藓覆盖，顶层10厘米为半泥炭。其下是松散的粉质层。半泥炭层中腐殖质的量高达17%。其中的主要类型是富里酸，下一层中相应量降至5%，该层土壤溶液发生微酸性反应。

（3）高山草甸。草原带覆盖塔吉克斯坦中部和帕米尔高原西部的高山地区，海拔高度3000~4000米。安佐伯关口和约尔的降水量分别为494厘米和469厘米。10℃以上的活动温度总和低于90℃。在地下水渗液中有常见的高山草甸：草原、高山草甸等类型。

这些土壤的腐殖质层含高达 4%~10% 的腐殖质，富里酸型腐殖质具有高移动性。过渡层的特点是明显的颗粒状结构。它与二氧化硅粉末一致，从顶部到底部有所增加，并呈现发白的颜色。在整个土壤剖面中均存在碳酸盐淋溶。pH H_2O = 6.20~8.3。吸收的阳离子量为每 100 克土壤 20~40 毫克当量。

（4）高山草原区覆盖了高山草原土壤，此土壤在羊茅草 – 针茅草植被下形成。位于高山草甸 – 草原土壤上方，主要出现在塔吉克斯坦北部（3000~4500 米）和帕米尔高原西部（3300~4700 米），腐殖质层达 30~40 厘米，呈棕色，含 2%~4% 的富里酸型腐殖质。在 50~100 厘米的深度下，观察到发泡。在帕米尔高原西部，该等土壤突显为一种单独的山区土壤类型。

应该注意的是，在高湿度地区的此区域中发现 SAZ 高山草甸 – 沼泽土壤与浅层地下水相关。

（5）高山沙漠草原区覆盖高山沙漠草原和灌溉高山沙漠草原。分为石灰亚型和淋溶亚型。这些土壤常见于西部，部分出现在帕米尔高原东部，海拔高度在 3200~4700 米以上。土壤覆盖层在混合草和多刺沙漠草原下形成。土壤为高度石质土，细粒土的颗粒组成从轻粘壤土到重粘壤土不等。上层富里酸型腐殖质含量为 1.20%~2.15%，pH H2O 为 6.5~7.6。

（6）高原沙漠区是帕米尔高原东部典型区域类型，每年降水 50~70 毫米。绝对最低温度降至零下 63℃，而最高温度可达 33℃：该地区涵盖海拔高度数据中高度达 3500~4800 米的迥然不同的土壤成因类型。

帕米尔高原东部的土壤具有类似于水成土、古水成土和自成土系的特征。它们的特征在于土壤剖面的轻粒度分布、低吸收能力、pH H_2O 为 8.9、高碳酸盐为 10~20 $CaCO_3$、存在石块、不同程度的硫酸钠型土壤盐度、低含量型富里酸腐殖质 3%~5% 自成和水成腐殖质。除了上述类型的土壤，还分为高山草甸、草甸沼泽、龟裂土、盐渍土型，可进一步分为许多亚型。

在高原沙漠化土地（灌溉、植草等）耕作条件下，草甸和泥炭土中腐殖质和氮的含量有所增加，其数值分别为 3~18 和 0.28%~0.99%。此处，在较低的土壤腐殖质含量下，泥炭具有较高肥值。

因此，已确定有机会大幅度扩展和深化塔吉克斯坦土壤多样性的生态学和遗传学研究，研究对象为其组成、物理、化学和生物特性及其在提高塔吉克斯坦不同生物气候带中土壤肥力的作用。

根据土壤形成过程的一般趋势，确定了土壤形成和发展的具体特征，取决于山脉的位置、坡度和其他因素。

塔吉克斯坦历史上的一些农业生产发达地区并不总是与当前的工业发展水平一致，导致自然特征的潜力并未获得充分利用。因此，实施合理使用土壤的措施是当前最重要的任务之一。为了解决此问题，开发出了区域耕作系统，这是在使用多层结构土壤的自然和经济条件下的基本分区。通过生物学化农业和景观规划，改进土壤肥力，同时采用复垦、化学化和其他方法。

4.1.2 水资源

塔吉克斯坦拥有丰富的淡水资源：估计其供水量为 981.5 立方千米 / 年。登记在册的长度超过 1.5 千米的冰川数量超过 1000 条，雪地总面积约为 8500 平方千米或占经济体面积的 5.6%。水资源集中在冰川和雪地中，多达约 576 立方千米。16 条冰川的长度超过 16 千米。2014 年，最大的冰川——费琴科冰川的体积为 93.6 立方千米，第二大冰川格鲁姆格瑞麦勒的体积为 22.5 立方千米。

在塔吉克斯坦，有 1300 个天然湖泊，总水面面积为 705 平方千米。这些湖泊的总体积为 46.3 立方千米，其中约 20 立方千米可汇入淡水供应。萨雷斯湖于 1911 年因地震造成的滑坡而形成，目前的水量为 170 亿立方米。最大的水库有凯拉科姆（34.1 亿立方米）和努列克（105 亿立方米）（图 4–1）。

图 4–1　雷兹湖

流经塔吉克斯坦境内的947条河流和季节性河流的总可再生年度流量约为64立方千米，其中约1.1立方千米可汇入锡尔河流域，约62.9立方千米可汇入阿姆河流域。流经塔吉克斯坦境内的所有河流的总可再生年度流量约为80立方千米，其中29.5立方千米或36.77%适合饮用（表4–1）。还有矿泉水和温泉水水源。可再生地下水资源量达18.7立方千米/年，其中经批准的维护储量为6立方千米。

根据2014年度地表径流和人口指标，年人均供水量为7661立方米/人·年。

从水文学的角度来看，塔吉克斯坦的领土可分为5个主要流域：锡尔河、喷赤河、瓦赫什河、泽拉夫尚河和卡菲尔尼甘河。在更综合的层面上，这些水域是中亚两条主要河流流域的一部分：阿姆河和锡尔河（见表4–2）。

表4–1　根据河流流域划分的地表饮用水资源质量

流域名称	平均多年度径流		饮用品质	
	立方千米	%	立方千米	%
喷赤河（包括克孜勒苏河）	33.369	41.6	33.669	51.4
卡菲尔尼甘河	5.191	6.5	5.191	8.0
苏尔汉河	1.015	1.3	1.015	1.6
瓦赫什河	18.90	23.6	18.90	29.1
泽拉夫尚河	5.139	6.4	5.139	7.9
锡尔河	15.978	19.9	15.978	1.0
伊斯法拉河	0.46	0.6	0.46	0.7
卡塔赛水库和土耳其斯坦山脉小河的流域	0.147	0.2	0.147	0.2

表4–2　流经塔吉克斯坦共和国境内的主要河流

河流名称	水道的长度/千米
阿姆河–喷赤河	921
泽拉夫尚河	781
巴尔坦格河–穆尔加布河–阿克苏河	558
瓦赫什河	524
卡菲尔尼甘河	387
甘德河	313
克孜勒苏河（阿莱）	262

（续表）

河流名称	水道的长度 / 千米
克孜勒苏河（南部）	262
奥比哈隆	196
亚克苏	150
锡尔河	2137①

塔吉克斯坦共和国境内主要水库、主要湖泊和主要冰川见表 4–3、表 4–4 和表 4–5。

表 4–3　主要水库

名称	水面面积 / 平方千米	体积 / 百万立方米
凯拉科姆	520.0	3410
努列克	106.0	10500
穆米那巴德		
塞尔布尔	2.3	20

表 4–4　主要湖泊

名称	水面面积 / 平方千米	名称	水面面积 / 平方千米
喀拉库勒湖	380.0	恰坎库尔	9.2
萨雷兹湖	86.5	图鲁姆塔库尔	8.9
佐库里湖	38.9	萨斯库尔	8.92
叶什勒池	35.6	朗库里湖	7.78
绍尔库尔湖	16.29	亚历山大大帝湖	3.4

表 4–5　主要冰川

名称	面积 / 平方千米	体积 / 立方米	河流流域
费琴科	156.0	93.6	穆克苏
加莫	114.6	–	奥比亨勾

① 流经塔吉克斯坦共和国境内 195 千米。

（续表）

名称	面积 / 平方千米	体积 / 立方米	河流流域
维特科夫斯基	50.2	6.88	穆克苏
俄罗斯科学院	48.1	5.24	穆克苏
纳利乌钦	45.2	8.59	穆克苏
比瓦吉	37.1	8.05	穆克苏
格鲁姆 – 格尔日马洛	142.9	22.5	塔尼马斯
奥克泰伯斯基	32.0	–	喀拉库勒湖
地理学会	64.4	10.54	万吉

4.2 防治荒漠化

应对荒漠化是一个全球性问题，因此考虑到每个区域的具体特点，每个经济体都可以对此工作作出贡献。塔吉克斯坦历史上的农业生产发达地区并不总是与当前的经济发展水平一致。因此，并无充分利用自然潜力的机会（图 4–2）。

图 4–2　荒漠化

自然因素可以为侵蚀的出现及其发展创造条件，但其并非始终是土地退化表现的原因，并且通常会为荒漠化的形成创造条件。

导致严重侵蚀过程的主要原因是不适当的人类活动。非灌溉人为侵蚀的起源可归因于在原始社会已经出现的农业的开端。随着社会的发展和动态发展过程中生产工具的改进，侵蚀达到最高程度。

雨养农业土地退化集中发展的主要原因是出现陡坡、负向地貌底坡、小河汇水区、忽视抗侵蚀措施等（图 4–3）。

荒漠化的后果将是植被覆盖层贫瘠甚至完全毁坏、沙地覆盖面积扩大，从而增加了渍水和盐碱地面积，影响人们的健康。最终，肥沃土地和植被的减少将会导致环境退化，这可能会造成社会经济状况的恶化。

在大多数情况下，荒漠化不断发生是不可恢复的。尤其是荒漠化进程对土地覆盖层有影响。成分和条件发生变化将减少野生动物、鸟类和昆虫的数量。破坏植物和动物群之间的平衡，因为荒漠化干扰了物种的栖息地，而且塔吉克斯坦领土的生态承载力不能承受环境压力。在此方面，某一物种灭绝会扭曲另一物种的竞争或致使其迁移到其他地区，这可能会破坏另一种种群。

为了在现有环境条件下维持正常的生活水平，需要制定一项广泛的研究计划，以发展适当的物质、法律和行政基础设施。可以关注各经济部门的发展（包括主要成就），首先是旨在防止荒漠化的造林计划。

图 4–3　土地退化

根据联合国荒漠化防治公约，管理中亚农业生产土地中受干旱和盐碱化影响的自然资源是必要且适当的，并且突出以下环节：

- 干旱和半干旱地区的政策和战略发展管理。
- 林业发展政策。
- 生态系统和社区，生物多样性的恢复。
- 提高人口的能力和意识，BWC 目的和目标。
- 自然资源的保护和管理。
- 更新在环境行动区域计划以及防治荒漠化的分区域行动计划中设定的要求和目

标相关的防治荒漠化国家行动计划。

- 加强非政府组织的活动，以支持通过国际网络（防治荒漠化非政府组织协会）成员实施联合国防治荒漠化公约（UNCCD）。
- 设立和批准处于防治荒漠化中心地位的机构，作为负责执行防治荒漠化国家行动计划（NAP）的国家机构。
- 加强防治荒漠化与其他公约（如生物多样性和气候变化）的关联性。

塔吉克斯坦共和国近年来的经济发展分析表明，塔吉克斯坦共和国政府为实施经济结构改革和加快经济改革所采取的措施的结果使一些经济指标大幅度增长，这对执行防治荒漠化国家行动计划产生了积极影响，即为了克服塔吉克斯坦的荒漠化进程，根据联合国防治荒漠化公约，塔吉克斯坦共和国于 2001 年 12 月 30 日通过了第 598 号政府决议“关于防治荒漠化国家行动计划（NAP）的批准”。防治荒漠化国家行动计划（NAP）是塔吉克斯坦防治荒漠化的基本文件；

- 经批准的减贫战略文件（PRSP）。
- 为了确保国家自然资源的合理使用并且保持最佳状态的土地牧场、森林、水资源、空气、生物学平衡状况、保护稀有和濒危动植物物种、改善公共卫生，政府通过了 2009~2019 年国家环境计划。

为了保护和可持续利用土地、暂停土地退化和抑制荒漠化，1997 年塔吉克斯坦政府通过了第 294 号决议“塔吉克斯坦共和国对土地利用和保护的国家管制”。

旨在改善土地资源状况、减小土壤退化风险和提升荒漠化防治效果的主要活动领域包括以下几点：

- 建立关于牧场轮作以及公共、私人和农场动物放牧的要求。
- 确定陡坡地区的要求和标准，禁止其非法和不合理使用。
- 采用节水灌溉技术。
- 修复排水网络。
- 保护、恢复和扩建森林地区。
- 改善山地牧场并种植灌木。
- 确保农村人口（尤其是山区的人口）使用替代（可再生）能源。
- 组织荒漠化监测。
- 根据可持续土地管理的规定制定相关建议和指南。
- 增加当地人口和社区在防止土地退化和荒漠化方面的作用。

鉴于荒漠化影响了主要环境问题的整体复杂性：气候变化、毁林、生物多样性丧失、水资源退化，务必要制定结合综合方法的国家环境行动计划（NEAP）。

此外，有必要完善关于此问题的立法。

目前，大面积半干旱沙漠生态系统用于种植农产品并且进行密集放牧。

由于公路建设的原因，此地的土地破碎化程度较高。土地退化破坏生态系统的平衡。

中部山地生态系统用于耕种旱作作物。这通常导致土壤侵蚀，并且伴随着清除土地上的树木。深受毁林、放牧、药用植物采集和矿业开采的影响。在这一地区有 40 多个不同的矿区、采石场和采矿企业，未采取土地开垦措施。

由于水位（尤其是水库）发生季节性波动，水库的生态系统正受到海岸线侵蚀的影响，例如努列克水库地区。这些生态系统的退化是由于河流流量调节和水污染所致。

近年来，由于受集约式放牧和灌木拔根的影响，高山生态系统存在负面趋势。

存在偷猎盘羊、豹、野生山羊及其他珍稀野生动物物种的现象。

在积雪带和登山与旅游露营地最高峰的山脚下，遗留下了数千吨的废物、机械和设备零部件。这显著降低了这些生态系统的游憩价值和吸引力。此外，日益增多的对新生态系统的影响将会引起全球变暖，从而导致该区域的面积趋于减少。

对历史景观的影响不断增加。许多历史、考古学和民族志的纪念碑受到重大影响，现在更加需要保护。涉及石器时代帕米尔高原的洞穴壁画、希尔肯特和阿特斯曼的古代冶金学家的遗迹、古老的村落彭吉肯特、席萨尔以及其他物品。

塔吉克斯坦已经批准了一些国际公约，包括《联合国生物多样性公约》、《联合国防治荒漠化公约》、《拉姆萨尔湿地公约》、《保护野生动物迁徙物种公约》。上述所有公约均是协调塔吉克斯坦和整个中亚地区生态系统保护措施的良好先决条件。

在制度方面，国家自然保护和林业委员会、国家土地管理委员会、地方当局、保护区管理局、狩猎保护区和历史性自然国家公园参与生态系统的保护。

4.3 国家森林基金的牧场控制

目前约有 50 万公顷的国家林地用作牧场。依照塔吉克斯坦政府决议，规定农业企业的国有森林基金土地的长期使用期限达 10 年。一些个人的牧场经林业机构依照合同可以确定为 20 年的使用期限。依照《塔吉克斯坦共和国牧场法》（2013 年），由相关机构在自然保护和林业方面对牧场的使用进行了监测。

4.4 防止森林火灾和森林病害

许多森林地区（尤其是南部森林）的特征为高度烧毁，尤其是在一年中最热的季节夏季更是如此。阿月浑子林、扁桃林和河岸森林的火灾风险最高，包括位于南部边境瓦赫什河沿岸的古老保护区“季格罗维亚巴尔卡”的区域。

森林火灾的主要原因是人为因素。

由于技术性消防设备薄弱以及缺乏甚至是最简单的灭火手段，在某些年份中森林火灾造成了重大损害，虽然火灾的数量通常较少。

燃烧物主要是草根、干草和垃圾，火灾很少具有树冠火的特征，并且通常它们对人工林造成巨大损害。

除大型森林火灾之外，一部分人非法伐木也对森林造成损害，非法伐木案例超过2000例（表4–6）。

表4–6　森林违法行为

年份	已发现的违法行为	恢复的损失／索莫尼
2013年	2024	364000
2014年	2025	389000
2015年	2019	324000

应该指出，2013年至2015年期间，对2965人实施了379989索莫尼的行政罚款（图4–4）。

森林病虫害防治见表4–7。

图4–4　树木和灌木的非法采伐

表 4-7　森林病虫害防治

措施	1991 年	2000 年	2010 年	2012 年	2013 年	2014 年	2015 年
化学、机械和生物防治措施 / 千公顷	8.7	7.8	7.3	7.4	8.7	8.0	8.0
生物方法	1.2	0.03	0.03	–	–	–	–

4.5　生物多样性保护

塔吉克斯坦的林业是塔吉克斯坦自然资源潜力的重要组成部分，在全球气候变化背景下解决防止荒漠化和保护生物多样性问题方面具有特殊地位。塔吉克斯坦共和国属于中亚森林稀少的经济体。仅 3% 的塔吉克斯坦领土被人工林所覆盖。

塔吉克斯坦的森林主要发挥水源保护、侵蚀防治、河岸保护、卫生和健康功能。对于塔吉克斯坦共和国的木本植物，有 268 个树木和灌木代表物种。最丰富的物种为喜旱林，共有 89 个物种。其次是小叶森林，共有 57 个物种。落叶林也具有物种丰富多样的特征，其中汇集了 45 种木本植物。在所有的植物区系群落型中，灌木的数量远远超过树木（图 4–5、图 4–6）。

图 4–5　草本

图 4–6　乔灌木

4.5.1 植被

塔吉克斯坦复杂多样的自然条件造就了极为丰富的植被组成和结构。塔吉克斯坦共和国内最典型的植被类型如下文所述（图 4–7、图 4–8）。

（1）阔叶森林。热带阔叶树和灌木（胡桃、土耳其斯坦枫树、美国梧桐白鹃梅属、玫瑰、唐棣等）群系，具有塔吉克斯坦中部地区（总面积 14 万公顷）的特征。

图 4–7　乔木林

图 4–8　乔木林（2）

（2）吐加依森林。喜热和喜湿的木本植物（桦树、柽柳、白杨、胡颓子）群系通常与盐生和草丛沼泽相结合，占据 7 万公顷。其见于塔吉克斯坦的南部冲积平原和北部部分地区。

（3）小叶森林。喜温树木和灌木（桦树、白杨、柳树、沙棘）群系见于山区河流和溪流沿岸（泽拉夫尚、巴达赫尚以及塔吉克斯坦中部部分地区），面积约 84 万公顷。

（4）刺柏（图 4–9）。常绿针叶树种植场种植刺柏属树种。分为以下 3 种亚型：

图 4–9　刺柏林

① 喜热刺柏森林（泽拉夫尚刺柏，半球形）主要见于塔吉克斯坦北部和中部；

② 嗜寒刺柏：高大物种种植场，土耳其斯坦刺柏主要见于塔吉克斯坦背部（土耳其斯坦山脉）；

③ 刺柏矮曲林（土耳其斯坦刺柏）：见于塔吉克斯坦北部和东部，刺柏总面积为40万公顷，连同草原和草甸空地达65万公顷。

（5）shiblyak。属于喜旱矮生树木和灌木（阿月浑子树、布哈拉扁桃树、Chelon、紫荆、石榴及其他）林地。主要分布在塔吉克斯坦东南部和中部地区，最少至北部和东部地区，进入巴达赫尚，总面积65万公顷。

（6）叶座。多年生冰雪低矮密集多刺灌木（彩花属、棘豆属及其他）的群落。其广泛分布在高原地区，占地面积为110万公顷。

（7）半沙漠灌木。白梭梭和荞麦的树木和灌木，见于塔吉克斯坦南部和北部地区，占地70.5万公顷。

（8）Polu灌木沙漠。喜旱矮生小灌木群落见于塔吉克斯坦北部、帕米尔和塔吉克斯坦南部部分地区（略少），占地很少仅3公顷。

（9）多刺叶座和药用植物。灌木、粗糙草木和多刺喜旱植物（红豆草、黄芪、蚤缀）遍布塔吉克斯坦亚高山和高山地区，总面积为66万公顷。

（10）草原。多年生草本植物和部分半灌木低温植物及旱生植物物种群落，主要是致密草坪草（羊茅、草原羽毛草和草甸草）。特别常见的草本植物为苦艾、白花酢浆草，见于高原地区的所有地方，总面积为42万公顷。

（11）半稀树干草原（图4-10）。多年生和一年生（短生型）草的群落，总面积为77万公顷。半稀树干草原分为以下亚型：

① 低草半稀树干草原——小型短生和似短生植物（早熟禾、厚苔草及其他）。

② 高草半稀树干草原——似短生谷类植物（球茎大麦、具毛小麦草及其他）。

③ 大型草本植物半稀树干草原——草类主要类别，主要为伞形科植物（阿魏）和菊科植物（甘松）。

（12）草甸。多年生中生植物草本群落（狐尾草、鸭茅及其他）。见于河谷和亚高山地区，占地77万公顷。塔吉克斯坦境内森林很少，但森林组成成分丰富（168种树木和灌木），位于海拔3500米的地区。

阔叶、耐热和喜湿的森林广泛分布在席萨尔和达尔瓦兹地区，海拔高达2200米。在该地带的下游地带（海拔高度1800~2000米）胡桃较普遍，胡桃与土耳其斯坦枫树、苹果树、李树、塔吉克白杨一同生长，有时夹杂各种灌木。

图 4–10　半稀树干草原

在落叶林和喜温灌木的分布上限，常见的耐寒、喜湿小叶桦树和白杨——柳树森林与地下水产量和河谷有关。大面积桦树见于河流上游。加尔莫峰的奥比亨勾见于巴达赫尚河河谷中。在漫滩沙漠地带的热低地中，常见的河岸森林主要包括白杨、柽柳。这些种植场通常与原始大草原组群丛林，含有主要谷类植物、野生甘蔗（高度达 2~5 米）相结合。

Shiblyak 形成独特的喜旱林地，在许多地方只有单棵的阿月浑子树、布哈拉扁桃树、朴树、无花果树、滨枣及其他。最珍贵的阿月浑子树地带位于塔吉克斯坦南部，总面积 20 万公顷。

目前柳树、石榴树、紫荆的天然丛林是达尔瓦兹山脉的西部和南部山坡中以群组形式保存最好的丛林。最常见的树木制备类型为刺柏，常与草原、景观形成森林。

在塔吉克斯坦南部，阿月浑子树种植场已经被黑色刺柏所取代。在塔吉克斯坦东部，刺柏更为少见，虽然其源头在巴达赫尚。依照塔吉克斯坦国家防治荒漠化行动计划，在塔吉克斯坦北部和南部的古老山脊丘陵沙地上开发了喜旱沙地和沙漠森林，包括梭梭（黑梭梭和白梭梭）、猪毛菜、沙拐枣、沙地金合欢。

春天这里生长短生、膨大的苔草，夏天生长沙地羽毛草、野生大麦。然而，塔吉克斯坦景观的主要特征并不是取决于树林，而是半灌木——灌木和草本植被（占塔吉克斯坦共和国总面积的 50%~60%）。

沙漠植被由多节半灌木苦艾和猪毛菜组成。在塔吉克斯坦北部，其占据了蔓延至锡尔河库拉马山脉的广阔区域。少量该等植物见于塔吉克斯坦南部和巴达赫尚。其植被形成的基础为半灌木：驼绒藜蒿和粉花 *Lehman yezosruce* Tibetan、垫状刺矶松属等。草原沙漠的特点是植被极为稀疏，提供的可食饲料产量非常低（20 至 100~150 千克 / 公顷）。

4.5.2 动物世界

在塔吉克斯坦，动物物种组成种类丰富，这与中亚（西藏、喜马拉雅山脉及其他）的动物群有关；另一方面，与中亚的沙漠和草原的动物群有关。帕米尔高原的动物群与喜马拉雅山脉和西藏的动物群有很多共同之处，而塔吉克斯坦北部和中部山区的动物群（呈现低龄化）往往与图兰低地的动物群一致。

塔吉克斯坦目前栖息有 49 种鱼、2 种两栖动物、47 种爬行动物、82 种哺乳动物（图 4-11~ 图 4-16）。无脊椎动物的数量高达 12000 种，其中昆虫占 1 万种以上。有原生动物、腔肠动物、软体动物、蠕虫、甲壳类动物、蜘蛛和许多昆虫物种代表。

图 4-11　白鹤

图 4-12　捻角山羊（2）

图 4-13　捻角山羊（3）

图 4-14　塔吉克斯坦环颈雉

图 4-15 雀鹰

图 4-16 塔吉克斯坦稚鸡

塔吉克斯坦被认为是许多甲虫、半翅目、鳞翅目、吸啜昆虫和其他系统群以及各种昆虫物种起源的中心。塔吉克斯坦主要河流中最典型的鱼是鳟鱼、土耳其斯坦鲶鱼、鲤鱼、鲃、鲶鱼、鲦鱼、食蚊鱼和许多种类的泥鳅。

新土地的开发和水力发电厂的建设两种原因使水生动物的物种构成发生了变化。咸海的干涸导致了出现以下情况：近年来鱼类洄游路线已经完全停止。某些鱼类（如完全停止洄游的鱼类）连同其他类型的商业鱼类种群都面临灭绝的威胁。

锡尔河和阿姆河及其最大支流中的鲟鱼具有两种古代形态，阿穆尔河和锡尔河拟铲鲟具有极其重要的进化意义。总体而言，塔吉克斯坦 49 种鱼中 21 种为商业鱼种，其他鱼类没有商业价值。

塔吉克斯坦两栖动物的代表为绿蟾蜍和沼泽蛙。塔吉克斯坦有 44 种爬行动物，包括 15 种蛇、1 种龟和 28 种蜥蜴。爬行动物广泛分布在沙漠和黏土沙漠，多见于卡弗尼干河、瓦克仕河、喷赤河、泽拉夫尚河和锡尔河河谷下游地区。在控制生荒地和休耕地后，在大多数情况下均具有一个独特的特征：几乎所有栖息种类都大大减少。一般而言，近年来，爬行动物的数量急剧减少。

塔吉克斯坦鸟类在动物中具有特殊地位，已确定 380 种鸟类及 36 种亚种和形式，其中非候鸟 82 种、筑巢鸟 150 种、过境鸟 108 种、冬鸟 80 种及迷鸟 21 种。鸟类分布范围比爬行动物更广泛，并且占据了塔吉克斯坦所有的自然园林景区。

根据停留的性质，这些物种和亚种分类为非候鸟、筑巢鸟、候鸟、冬鸟和迷鸟。

留鸟占塔吉克斯坦鸟类总数的 21.5%。留鸟是典型的山地种类，如胡兀鹫、金雕、兀鹫、喜马拉雅雪鸡、刺柏松雀，以及适于低地的典型蓝灰色鸽子、斑鸠、小八哥、黑鸟、麻雀及其他。

迁徙——筑巢鸟占鸟类物种总数的 39%。自 2 月底以来，迁徙筑巢鸟陆续到达，它们从半沙漠区迁徙至高山区。迁徙筑巢鸟类包括鸭、鹅、水鸭、石鸻、珩科鸟、食肉鸟游隼、鹰、鸽子、东方斑鸠等。塔吉克斯坦的鸟占鸟类物种总数的 30%。

春季迁徙始于 2 月份下旬，3 月份大量的鸟类从西南向东北迁徙，4 月份迁徙数量达到高峰。5 月份，迁徙数量开始下降。候鸟包括鸭、水鸭、鹳、苍鹭、老鹰、燕子、莺、鹟和黄鹂等物种。

秋季迁徙始于 8 月份。11 月份，大部分候鸟飞过塔吉克斯坦，同时形成了塔吉克斯坦共和国冬鸟动物群低空飞行的景观。

冬鸟占塔吉克斯坦鸟类物种总数的 20% 以上。其中包括艳拟鹂、水鸭、野鸭、萨宾灰鹅、豆雁、猎鹰、白骨顶鸡、海鸥和许多其他鸟类。

游鸟占塔吉克斯坦鸟类的比例略高于5%。该群体的组成不固定，并且取决于多种因素。该群体包括白鹭、黑凫、白额雁、阿尔泰灰背隼和一些其他物种。

共有35种游鸟。该动物群被分为以下群组：在我国所有自然和人造景观中接收的哺乳动物分布中，食虫动物为8种、蝙蝠为19种、兔类动物为3种、啮齿动物为29种、食肉动物为22种、有蹄类动物为7种。在低地，冲积平原河岸森林，半沙漠和沙区居住的代表性动物是食虫动物、蝙蝠、啮齿动物、食肉动物和偶蹄动物。典型动物是鼩鼱、豺、狐狸，鬣狗、兔狲、鸡貂、鼹鼠、野兔以及许多其他动物。塔吉克斯坦共和国的低山山麓地区栖息着狐狸、狼、石貂、豹、摩弗伦羊和罕见的捻角山羊。阔叶和刺柏林区居住着猞猁、熊、啮齿动物睡鼠、木鼠、土耳其斯坦大鼠。另外，岩石斜坡是西伯利亚野生山羊的栖息地。

在高山区栖息的是生态适应性哺乳动物物种，如栖息在岩石坡上的山羊和雪豹。帕米尔高原的野生哺乳动物群在地形、生态学特征方面不同于塔吉克斯坦的所有其他的动物群。高海拔（海拔高度为3500~7000米）、困难地形、平坡、缓慢流动的河流、大量的温泉、寒冷的冬季（温度达-60℃）、短暂的夏季促进了代表性鸟类和哺乳动物的发展。帕米尔高原不存在两栖动物和爬行动物。栖息于此的哺乳动物包括鼠兔、野兔、盘羊、西伯利亚野生山羊和其他动物。盘羊和野生山羊最危险的天敌是雪豹和狼。（图4-17~图4-20）这两类捕食者在冬季捕猎大量的有蹄类动物，这些动物中大多是病老动物，因此它们使盘羊和野生山羊的数量得以恢复。

塔吉克斯坦的动物群是塔吉克斯坦非常珍贵的自然资源。如果对动物群进行合理的利用和保护，可以将其作为一项收入来源，并且会在未来几年内获得收益。

图4-17　雪豹

图4-18　北山羊

图 4-19　帕米尔盘羊　（2）

图 4-20　瞪羚

4.5.3 改善森林状况并且恢复退化土地。

保持自然平衡在很大程度上取决于植被的改善——首先就是森林。为了解决现有的问题，建议采取以下措施：

（1）保护生物多样性，加强对森林和动物群的保护，确保环境清洁。

（2）返还农业企业经济体林业的森林基金牧场，获得土地使用权证书。

（3）组织和精简森林、土地和森林制图的结构。

（4）组织种植坚果、开心果、杏仁和其他野生植物等珍稀物种，利用新的育种成果建成种植场。

（5）组织和恢复防风林、果园和种植场用于保护土地免受侵蚀，从而提供工作场所、水果和建筑材料以及提高牧场的生产力。

（6）沿公路和农田组织保护带。

（7）逐步增加行业基金用于开展植树造林工程，保护森林免受火灾和虫害和进一步增加该部门工人的工资。

（8）为该行业配备主要技术手段和工作设备。

（9）在国内外培训林业人员。

（10）精简狩猎领地的狩猎组织和开展生物技术活动以保育和保护野生动物和鸟类。

（11）组织药用植物（大黄、圣约翰草、甘草等）作物区，为人们提供纯生态药物。

（12）将生态条件保护和森林自然平衡考虑在内组织山区旅游和国际狩猎以获得外汇收入，从而改善生物技术部门和环境现状。

（13）在国家基金用地上组织造林区和林业企业，并且组织具有森林的农业用地。

（14）控制国家森林资金用地、个体农场、协会、合作社、主管经济体监管机构的组织和企业，以进行生物多样性保育并保护动植物群、野生植物和树木，收获药用植物和木材，和清点野生动物以确定强制性付款预算。

（15）与外国组织开展合作，制定和实施投资计划，改善森林的环境状况。

（16）组织年轻林业工作者学校，以提高新一代的知识和生态教育水平。

塔吉克斯坦拥有丰富的野生自然基因库，然而近年来，哺乳动物、爬行动物、鸟类和其他种类的个别珍稀物种的生物多样性已经丧失。对于代表性动物群和野生动植物而言，山地和漫滩森林是这些动物的主要栖息地。森林企业以及特别保护自然区拥有超过 3/4 的全部现有动物群。

4 个国家自然保护区、1 个国家公园、2 个自然公园、3 个自然休闲区（休闲和旅游）、20 多个治疗性自然区以及 13 个具有国家重要性的国家自然保护区具有塔吉克斯坦共和国特别保护自然区的地位（图 4–21、表 4–8）。

来源：塔吉克斯坦林业局

图 4–21　塔吉克斯坦自然保护区图

保护区总面积为 310 万公顷（占塔吉克斯坦共和国领土的 22%），包括国家公园 260 万公顷，4 个自然保护区 17.34 万公顷（表 4–9），13 个鸟兽禁猎区 31.326 万公顷和 2 个自然公园 6800 公顷。

表 4-8　塔吉克斯坦共和国国家自然保护区简介

序号	自然保护区名称	建立年份	面积/千公顷	目标及目的
1	季格罗维亚巴尔卡	1938	49.8	保护吐加依森林复合物和珍稀动物：布哈拉鹿、鹅喉羚、东方盘羊、黑纹灰鬣狗、丛林猫、巨蜥、眼镜蛇、钝鼻蝰蛇、野鸡和越冬区的候鸟
2	罗密特	1959	16.1	保护山地森林自然复合物和珍稀动物物种：熊、猞猁、雪豹、水獭、豪猪、蛇、爬行动物、鸟类、鳟鱼
3	达史提久姆	1983	19.7	保护山地森林自然复合物和珍稀动物物种：熊、雪豹、山羊（东方盘羊）、螺角山羊
4	佐库里	2000 年	87.7	保护印度山鹅栖息地、盘羊、野生山羊和雪豹

表 4-9　自然保护区受保护物种数量

序号	自然保护区名称	动物	鸟类	植物
1	季格罗维亚巴尔卡	28	214	480
2	罗密特	31	150	1100
3	达史提久姆	13	35	900
4	佐库里	16	12	200

4.6　退化林恢复

森林的主要功能是确保自然生态系统的稳定性，因为森林具有水源保护、气候调节和土壤保持的特性。

近年来，塔吉克斯坦自然灾害数量的急剧增加（洪水、滑坡等），与森林资源退化和森林面积减少有关。随着土地改革和在国家森林基金的固定土地上组建德罕肯农场，许多肥沃的森林地区被转移到德罕肯农场，随后发生退化。同时，保护、恢复和种植防侵蚀、休闲和受特别保护的森林，以及为这些活动提供适当财政支持是塔吉克斯坦政府的任务。

近年来在造林和再造林方面采取的计划包括约2000公顷的土地面积。然而，事实上，这些量并未实现，而且森林退化的速度超过了森林恢复的速度。近几十年来，实施的森林恢复和森林质量指标改善措施在数量上存在不足。由于人工林所生产的种植材料方面的问题，通常存活率较低（图 4–22）。

图 4–22 塔吉克斯坦造林和再造林

由于社会原因，病虫害几乎影响了所有的人工林。一般而言，采取机械控制措施成本最低。无喷雾器、传粉媒介或农药。最环保的虫害管理的生物学方法并不适用。

塔吉克斯坦共和国的大部分森林由于放牧而退化，促进森林自然再生的活动已停止，并且不再继续开展。

由于苏联解体后向居民供应电、天然气、煤炭和其他能源的情况恶化，非法砍伐森林（尤其在山区）的规模急剧扩大。正因如此，山地森林变得稀薄，其面积大幅减少。甚至也砍伐了一些果树作物：开心果、杏仁、沙棘和其他珍贵的物种。

由于未对山坡森林破坏进行控制，山地荒漠化规模正在扩大。目前，塔吉克斯坦大约 90% 的山坡是无生命的山区沙漠。

该等现象与土壤侵蚀扩大具有同样的危险。目前，风蚀占所有农业用地的 24%，水蚀占 41%，灌溉占所有灌溉地面积的 26%。

目前有 5 万多处滑坡，其中 1200 处正对定居点、道路等构成威胁。腐殖质（农业商业用地最宝贵的部分，决定着土地的肥力）损失规模在不断扩大。年均水土流失量为 8700 万吨，腐殖质损失量达到 1100~1300 万吨 / 年。

由于日益加剧的山区侵蚀，泥石流、滑坡和其他自然现象造成毁林，突发事件和自然灾害频发。

自 1997 年起，突发事件表现最为明显。

虽然塔吉克斯坦共和国政府为林业的恢复和可持续发展做了很多工作，但由于缺乏后勤基础且缺乏资金，环境问题变得更加急迫，且其每年的危害强度在不断增加（图4–23）。

图 4–23　森林恢复

4.7　森林和非林产品的复合利用

塔吉克斯坦共和国的所有森林已被列为防护林，具有重要且紧迫的环境、经济和社会重要性，原因是它们大多位于山岳带，主要履行保护、抗侵蚀、水土调节功能，且同时充当木材、工业原料和食品（包括受大众欢迎的开心果）的来源。

塔吉克斯坦没有工业林，所以无法在其中进行主伐，只对森林进行卫生伐和抚育伐，并且主要是从中获得薪材，因此林业部门中不存在木材工业企业。

在 20 世纪七八十年代的前苏联时期，根据 1978 年的统计数据，塔吉克斯坦的木材消费量为 34.74 万立方米，包括商业木材为 30.72 万立方米（可锯木为 13.1、坑木为 7.41 和建筑木材为 7.2）和木柴为 4.02 万立方米。

近年来，通过商业渠道从俄罗斯联邦引入少量木材（每年大约数万立方米），用于满足建筑需要。

近年来，由于森林资源枯竭及其保护功能下降，塔吉克斯坦采伐的木头量大幅减少，实际上卫生伐林业企业每年仅采伐6000~7000立方米，满足了不足5%的国内燃料原料需求。通常不采伐木材。

同时，塔吉克斯坦共和国的天然气、煤炭、燃料油和其他燃料供应量的大幅减少是未经授权大规模非法砍伐森林的主要原因，从而导致森林枯竭和森林退化以及土壤强化过程、侵蚀和毁林的发生，这引起了全国的关注和忧虑。

塔吉克斯坦森林由于具有其自然特性，即由大量坚果和野生水果物种（胡桃树、阿月浑子树、扁桃树、杏树、桑树、苹果树、李树，樱桃树，山楂树，石榴树，柿子树等）组成，历史上为当地人口提供食物、木材产品、木柴、建筑材料以及用于割晒牧草、放牧、搁置蜂房等的地方。

4.8 经济体植树造林活动

自从塔吉克斯坦共和国独立以及通过《塔吉克斯坦共和国基本法》（即《塔吉克斯坦共和国宪法》）开始，塔吉克斯坦的主要任务之一即为景观美化、恢复和造林。塔吉克斯坦是中亚植被最稀疏的共和国之一。塔吉克斯坦的森林覆盖率约为3%。

因此，塔吉克斯坦共和国签署了关于防治荒漠化、生物多样性、气候变化、臭氧层保护及其他内容的联合国公约。

此外，塔吉克斯坦政府通过了一些关于林业发展的国家文件及关于生物多样性保护的国家战略和行动计划。目前，2030年前林业发展战略已经成熟并且尚待审批。

5. 林业教育与科研

5.1 人员储备和培训

塔吉克斯坦共和国的林业工作人员中，目前约有 4000 人是长期性从事林业工作的，约有 1 万人是季节性从事林业工作的。

近年来，林业部门工作人员的平均年龄呈上升趋势，其中三分之一以上的工作人员年龄在 45~55 岁之间，55~63 岁的退休前人群为 20%，而且处于工作年龄段的年轻群体对林业部门工作不感兴趣。原因是工资低、工作条件不佳以及物质和技术基础差(例如，计算机和其他技术设备不足)、缺乏行政管理场所，这阻碍了高质量林业活动的实现。此外，在林业行业中存在性别比例失衡，雇佣的人员主要是男性，约占 92%。

林业部门对技术工人的年需求量为：每年约 20 名受过高等教育的人以及每年约 70 名受过中等专业技术教育的林业工作者。然而，在塔吉克斯坦共和国，没有关于森林工人职业培训的教育计划。因此，林业部门三分之一的工人目前只有中等或未完成的中等教育水平，受过专门的中等和高等教育的员工数量不足。

林业领域唯一的培训计划由塔吉克斯坦农业大学园艺与农业生物技术学院提供，每年接收约 25 名学生，平均产生 20 多名林业工程师专家。1998 年接受此专业培训的毕业生人数为 236 人，只有 5% 在林业行业工作。总之，年轻人对获得林业职业和森林科学教师的低水平培训没有太大兴趣。同时，塔吉克斯坦森林部门的工作人员又严重短缺。

另外，通过了由塔吉克斯坦共和国教育和科学部制定和批准的“林务员”课程，在 9 周内完成该课程后，林业工作者可获得履行其职责的基本技能，但仅一项政策仍然不够的。

林业局的许多现有员工毕业于前苏联时期的利沃夫、沃罗涅日、莫斯科、圣彼得堡和其他森林学院。塔吉克斯坦共和国独立后，仅在 2009 年恢复在这所大学的学习。该学院的毕业生成为塔吉克斯坦的 4 名专家，但他们均未到森林部门工作，另有 9 名学生继续接受教育。

经常性的更换与关键人员（20%）的高流动性使确保林业部门组织正常运转这一目标显著复杂化。

不存在人力资源规划和本地人员储备组织，没有潜在员工数据库。林业企业主管看不到该组织的发展前景，因此，也看不到未来的人员需求。

值得注意的是，林业部门的工资非常低。例如，国家预算中林业工作者的工资为塔吉克斯坦共和国最低生活水平的75%。在林业企业的实践中，自营活动也是员工激励制度中的一种手段，此项附加费约为工资的20%~25%。

考虑到国家森林基金覆盖塔吉克斯坦共和国12%的领土，因此未设必要和必修课程来提高森林管理人员的管理和业务技能。

为改善此情况，需要做到以下几点：

（1）为就业者提供体面的社会和生活条件。

（2）为林业工人提供培训。

（3）创建人员储备。

5.2 林业主管部门的技术潜力

（1）法案的有效性。

（2）林业工人的参与。

（3）固定经济体林地的可用性。

（4）森林基础设施的可用性。

（5）在环境保护领域方面联合国公约的签署情况。

5.3 林业部门能力建设

只有建立林业部门可持续融资体系才有可能为了经济体、社会和子孙后代的利益进行可持续的森林管理和利用。目前，塔吉克斯坦林业部门从国家预算及从塔吉克斯坦林地林业活动中收到的专项（非预算）资金中获得经费。

在塔吉克斯坦为森林部门规划预算拨款时，采用概预算方法。根据1984年核准的定居点和路线标准，确定建立森林作物和种植场的估计数。与此同时，不存在用于编制其他类型事件（如森林保护、劳动力成本标准）估计数的现代系统方法。

概预算融资方法产生非理性激励从而增加费用，因为本年度的储蓄必将超过下一年的预算费用。此外，该方法基于监管成本的指标，而不考虑资金成本项目的履行。

因此，林业生产和森林管理产生了不合规问题。为了改变这种预算方法，直至2015年，经2011年2月19日塔吉克斯坦共和国总统令第1021号批准，塔吉克斯坦共和国立法的预测发展概念包括关于更新预算的形成和执行方法的活动。

除此之外，下一年各级从属关系的预算的形成均根据上一年的资金水平而不是该部门的实际需求而定。因此，森林部门长期缺乏资金。

2012~2014年森林部门融资数据分析表明，国家预算资金平均占森林部门财政需求的28%。应该注意的是，2012~2014年期间森林部门资金在国家总预算支出中的份额平均为0.09%。然而，融资的增长超过了国家总预算支出的增长和塔吉克斯坦的通货膨胀水平。

例如，在2012年和2013年，林业融资量增长分别为32.9%和43.1%，国家预算支出的总体增长分别为20.3%和18.6%。同期通货膨胀率分别为6.4%和3.7%。应该注意的是，资金增加主要针对管理费用。

尽管资金有所增加，但是在过去3年内，公营部门支出中拨给林业活动（人工林的建立、灌溉系统的建立和修复、害虫防治、防火防风林的建立和恢复、森林道路修复）的资金份额有所减少。因此，如果2012年该数字为19.3%，2014年则降至14.2%。鉴于经财政部批准的预算为12.4%，在2015年继续保持这一趋势。

目前，塔吉克斯坦共和国林业系统有一个林业研究所，负责开展有关以下方面的研究：

（1）开发培育种植材料泽拉夫尚刺柏的现代方法和适用于刺柏森林的技术。

（2）选择坚果品种，如阿月浑子实、胡桃和野玫瑰，它们提供了可抗病虫害的高产量优质果树的优树（最好的形式）天然林分选择。

（3）监控野生生物，尤其是在自然保护区“季格罗维亚巴尔卡”和“罗密特”中的珍稀物种，保存动物数量的控制登记，评估环境，为恢复珍稀动物种群提出建议，并且通过执行生物技术建议改善动物栖息地条件。

（4）对主要森林和果树害虫进行生物学研究，并且提出解决这些问题的建议。

此外，针对有关已确定和选定的对疾病和害虫有抵抗力、结出高质量果实且具有高稳定产量的最佳种类（玫瑰果、胡桃和阿月浑子树）的研究进行选择工作。

到目前为止，该研究所已转入品种试验并批准了标准等级网络，对3种阿月浑子树及一个等级的胡桃木和玫瑰果进行分区并批准将其用于生产。

由于科学林业研究所的资金有限以及缺乏物质和技术基础，无法扩大科学研究的工作范围。在过去的 20 年中，先前在实验田“纳沃布德”收集的坚果（美洲山核桃树，早期出现的胡桃的矮生型果实）、沙棘和某些其他品种的最好种类和形状已经丢失。以前在生物站研究所进行的关于森林保护中生物防治的应用早已不复存在。

在塔吉克斯坦共和国，到目前为止仍然采用前苏联时代的森林经营技术。由于缺乏充足资金和研究最佳国际实践的有限可能性，因此未获得创新技术。

为改善此情况，有必要做到以下两点：

（1）为林业部门的科学工作创造必要条件。

（2）在优先领域开展科学研究工作。

5.4 国际合作现状

塔吉克斯坦国内存在的许多国际环境和社会组织在一定程度上与林业有关（图 5–1）。

图 5–1 战略协议

与林业合作最密切的是塔吉克斯坦共和国森林保护协会和野生动物协会、具有国际组织地位的区域环境中心、塔吉克斯坦共和国联合国开发计划署、前德国农业行动组织、“阿加汗”基金会、联合国粮食与农业组织“以工换粮”等。所有这些组织均通过直接或间接影响林业发展的各种项目，促进具体计划的实施。例如，“反贫困”计划、“帕米尔高原和帕米尔 – 阿莱山脉可持续土地管理”项目、“席萨尔山区生物多样性”，德国国际合作机构计划“中亚自然资源的可持续利用”和由德国复兴信贷银行（KFW）资助的CAFT项目“通过塔吉克斯坦主要河流流域的可持续森林管理应对气候变化”。此外，将于2017年实施的非农业市场准入（NMA）项目由德国政府提供资金。

虽然国际公司对林业和当地群落的贡献不那么重要，但在林业发展缺乏经济体资助的背景下，这些组织和林业工人产生了积极作用，居住在国家森林基金覆盖领域的当地居民很感激他们。

林业活动与以下主要国际计划的实施有着密不可分的联系：

（1）塔吉克斯坦国家防治荒漠化行动计划。

（2）截至2015年温室气体减排和增加吸收战略。

（3）国家生物多样性保护和可持续利用战略和行动计划。

（4）中亚农业生物多样性（园艺作物和野生物种）的就地保护。

（5）作为水禽栖息地的国际重要湿地。

（6）野生动物迁徙物种的保护。

每个地方公共组织，如非政府组织“扎噶帕沃”、“塔吉克斯服务（TLS）”咨询公司、非政府组织“阿扎勒”、特别保护自然区支持中心和其他组织，都有助于直接或间接影响林业发展的具体计划的实施。应该注意的是，目前还没有针对国有林业企业预算支出和自有资源的监控机制。

几乎不存在私营部门参与经济体林业发展的情况。世界实践表明，发展中经济体对林业的私营部门投资额是在官方发展援助框架内森林部门捐助者投资额的7倍。其中一个主要原因是缺乏针对国内外投资者的潜在部门相关可用信息和分析。

林业部门也由捐助者在具体方案框架内进行资助。考虑到2015~2017年方案，捐助者对塔吉克斯坦森林部门的年捐款额为200万欧元。

基于上述情况，为了创建一个可持续的森林部门融资体系，需要改进该过程，同时考虑到基于计划导向型方法的目标预测指标，改进从预算和预算外资金中为部门计划融资的方法。

5.5 林业能力建设的战略规划

林业部门的制度体系遵循职能分离的原则。林业局实施林业部门的国家政策。国有森林企业、苗圃以及在一定程度上受到特别保护的自然区发挥了经济功能。此外，还有一些并不执行森林管理活动的其他森林所有者，如塔吉克斯坦共和国国家安全委员会和私人农场，国家林业检查局执行控制职能。森林部门发展的支持职能通过提供服务的公共机构或私人组织进行，例如森林研究所和塔吉克斯服务（TLS）咨询公司。

依照塔吉克斯坦共和国总统关于改善塔吉克斯坦共和国行政机构结构的第12号法令,自2013年11月19日起塔吉克斯坦共和国政府下属林业局成为一个独立的国家机构。依照2014年2月28日塔吉克斯坦政府第132号法令批准的条例，林业局是塔吉克斯坦共和国行政权力的中央机构,负责起草和实施针对森林、森林资源、狩猎和猎物管理、动植物以及特别保护自然领土的统一国家政策、监管、法律条例和治理，并且协调和管理在其组织系统下执行管理和控制职能的活动。

1991年以后，林场的数量从24个增加到42个。目前的林场面积和单位职工人数分别为4.5万公顷至10.8万公顷和10人至82人。目前，除42家林业企业外，只有7家农场拥有确认土地使用权的文件（证书）; 缺乏资金和国家森林基金未分配给农业组织阻碍了证书颁发过程。

在某些林业部门中，没有保留旧的森林管理材料，新创建的森林管理（自1991年以来）中没有森林清查材料，这使得森林的规划和可持续管理变得复杂。尽管在林业部门进行了政治集中化改革，但区域林业企业仍然保留了管理和监督职能。

在历史上根据租赁合同或土地使用权证书将一些林地分配给德罕肯或个人，但由于对他们森林的控制不足，植被和土壤发生了退化。

政府地方执行机构对森林管理的强烈影响值得注意，尽管林业不属于其职权范围，例如林业主任职位的候选人提案以及关于将国有林地转让给其他用户的决定。

从事森林病虫害保护以及森林火灾扑灭的早期林业防火—化学工作站已停止运作或其中大部分已遭淘汰。森林生物保护工作站也已被淘汰。在没有及时实施依照所要求的数量保护森林免受病虫害的措施的情况下，人工林几乎普遍受到病虫害感染。目前尚无专门从事森林管理的组织。

6. 国际合作项目

6.1 项目和倡议

6.2 林业基地、种子和苗圃经济的发展

6.3 利用联合森林管理方法使当地居民参与森林管理

6.1 项目和倡议

项目和倡议包括项目的实施及其对森林管理的社会经济影响。

6.2 林业基地、种子和苗圃经济的发展

种子和苗圃经济：种子和苗圃经济的发展是商品林业、再造林和造林、防侵蚀、娱乐和特别保护森林发展的基础（图 6–1）。

图 6–1　苗圃

林业部门包括 5 个基本的苗圃农场，占地约 400 公顷。几乎所有的国有森林企业都有小型森林苗圃，总面积约 41 公顷。林业部门每年总计培育 300 多万株种植材料，约包括 30 种植物，其中大部分为果树。然而，森林物种数量不足，不能满足森林企业的需要。

许多特别保护自然区，如自然公园“萨里科索尔”、“希尔肯特”和“季格罗维亚巴尔卡”保护区专注于遗传森林资源的原生境（自然栖息地内）保护，但一些地方性物种未处于特别保护状态（桦树、瓦维洛夫扁桃树、多刺扁桃树、白杨、亚洲白杨、野生柿子、野生石榴、梨、苹果等）或者不知道它们还在其他哪些地方生长。杜尚别、库洛布和霍罗格的植物园用于迁地（在自然栖息地外）保护。

种植材料的种子采集自各地，并未考虑其质量特征，因为没有用于储存种子的永久种子基地和仓库。通常会在未检查质量的情况下进行播种，因为没有国家森林种子控制站。

尚无关于森林种子生产和对种植材料培育的适当质量控制的规定，并且在苗圃经济领域的人力资源能力较低。

为了改善这种情况，计划做到以下两点：

（1）建立有效管理种子和苗圃经济的基础。

（2）改善所生产种子和幼苗的质量并增加其产量。

森林管理规划是注册、评估和森林管理规划措施的系统，旨在提高森林管理和森林资源利用的效率。在塔吉克斯坦共和国国家林业和特别保护自然区实施森林管理将决定对塔吉克斯坦森林资源和生物多样性的可利用性和状况的定量和定性评估。在获取关于森林面积、其整体性、活立木库存及保护性砍伐状况的可靠数据后，可规划森林管理和再造林工作。

塔吉克斯坦共和国的最后一次森林管理由全联盟协会森林资源清查企业“莱斯潘若可特”于 1990~1991 年进行。因此，虽然森林状况的定量和定性评估在过去 20 年中发生了最大变化，但没有进行任何森林管理工作。

在塔吉克斯坦，没有私人森林管理组织开展森林管理活动。该结构应由获得国家森林管理资助的林业局成立，或私人公司依照国家命令必须执行相关操作。

目前尚无森林监测系统，除了森林的定性和定量指标外，还包括生物多样性、人民需求以及面对气候变化时的脆弱性。

没有适用于塔吉克斯坦森林类型的清查和森林管理方法。

迄今为止，大多数森林企业没有证明土地使用权的文件，这对国家森林基金领地中的工作规划造成了一些困难，并且经常导致与邻近土地使用者和牧场的临时使用者发生冲突。

为了改善这种情况，计划做到以下 3 点：

（1）为清查、森林管理和监测奠定基础。

（2）对塔吉克斯坦共和国所有森林进行清查、森林管理和监测。

（3）改善监管框架并加强执法力度。

塔吉克斯坦共和国在 2011 年通过了《塔吉克斯坦共和国森林法典》，随后开始了森林关系法律条例领域的改革，目的是实施有效的森林市场系统和森林关系调整。

《塔吉克斯坦共和国森林法典》没有规定森林关系领域的全部或其他一些重要关系，尤其是林种的法律地位、森林资源利用、许可证发放、不同种类森林管理费月收取和支出等问题。在《塔吉克斯坦共和国森林法典》、《塔吉克斯坦共和国土地法典》、林业局规定和环境保护委员会规定之间存在争议。

在森林保护和监测方面，塔吉克斯坦共和国立法规定合规性方面的制度框架较为薄弱，这是对森林犯罪行为的警示和压制力度较弱的原因之一。尽管在立法层面上《塔吉克斯坦共和国森林法典》(2011 年)于 2015 年规定了国家林业检查局的成立及其地位，但现在仍然没有配备相关人员和设备。

对林业工作者和检查员的财政和物质支持不足、森林相关知识的匮乏以及行政、刑事和程序性立法使得无法有效地压制和预防森林违法行为和将违法者绳之以法。

包括环境警察、环境保护、检疫和防火等在内的其他监督和管理机构在监督和监控森林犯罪方面的权力也有重复，在立法上没有区别。

根据部门文件识别罪犯的林业工人激励制度尚未完全制定或实施。2013 年，林业部门认定有 2970 起森林犯罪案件。损失总额的 25% 没有获得赔偿。这些数字并未显示所犯罪行以及对林业所造成损失的真实程度。

当地居民在森林关系领域的法律素养较低，且对塔吉克斯坦森林的生态安全作用的了解也不足。没有为公众举办足够的关于森林领域有效法律规范形式的信息研讨会。

人们对森林产品的需求时常会超出森林的生产能力，尤其是由于能源供应有限且其他能源资源成本较高，这些因素促成了犯罪。

监管与监督机构在打击有组织的非法采伐森林产品的斗争中并未进行充分互动。没有针对林产品原产地证明和其他相应文件的机制，因此无法追踪产品的原产地、采集、销售和出口情况。

确保森林生态系统和生物多样性的可持续发展以及防止这一领域的犯罪需要建立一个完善的法律框架和制度，以打击违法行为并改进规范性法律法规实践。发现、预防和制止林业部门违法行为需要建立一个明确且完善的组织、法律和其他措施体系，以防止森林犯罪。

为改善法律框架和加强执法力度，有必要做到以下 3 点：

（1）通过对《塔吉克斯坦共和国森林法典》和其他规范性法律法规进行修改和增添来改善法律框架。

（2）协调监管机构的权力规范，制定和实施激励机制。

（3）提高自然和合法森林用户对法律森林关系问题的认识。

6.3 利用联合森林管理方法使当地居民参与森林管理

目前，在塔吉克斯坦经济体的山麓和山区，70% 的人口居住在主要森林中，这些森林在某种程度上是林产品或涉及不同类型的森林。因此森林在这些地区的农村发展和人口福利方面发挥着重要作用。

在此阶段，地方社区参与森林活动通常是森林资源利用的季节性、年度和长期合同的一部分。当地居民未充分参与森林管理，因此，他们对作为森林和生物多样性保护的主要原则的可持续森林管理没有兴趣。

制定和实施联合森林管理方法的目的是使当地居民不仅参与森林资源的可持续使用，而且还参与森林的保护、恢复和种植。联合森林管理方法包括让当地居民参与森林和社区或居住在林业活动区域的个人之间订立的 20 年期协议。共同商定的管理计划可规范森林利用和旨在保护和恢复森林的活动量。林业和森林用户商定森林产品的分配，开展森林保育并保护活动的程序以及森林用户必须执行的森林照管和森林恢复。合同中会明确规定各方的角色、责任、权利和义务，该合同可保证经济体森林资源的保存且当地居民可获得与木材有关的合法收入来源。

应该指出，联合森林管理方法以及塔吉克斯坦共和国森林中的所有工作旨在培育本地树种和恢复提供环境可持续性的天然灌木，从而增强对气候变化的适应能力和生物多样性保育。

2006 年在塔吉克斯坦共和国（GBAO）的漫滩森林中测试了联合森林管理方法，且从 2013 年开始在法科尔和丹加拉国家森林企业的阿月浑子树森林、科瓦林国家森林企业的落叶树森林带以及彭吉肯特国家森林企业的刺柏森林中持续进行相关测试。

目前已经签署了 565 份联合森林管理合同，涵盖了 7000 多公顷森林。对在试点地区实施联合森林管理方法的活动进行的分析显示，采用联合森林管理方法可取得积极成果。

对于联合森林管理方法的广泛实施，有相应的法律基础。《塔吉克斯坦共和国森林法典》规定应用联合森林管理方法。此外，还制定了塔吉克斯坦共和国联合森林管理监管的项目草案。按照设想，制定了森林企业联合森林管理方法实施指南。

然而，对于联合森林管理方法的大范围实施，存在许多障碍，例如森林企业、当地人和地方行政机构缺乏对联合森林管理方法及其益处的认识。一方面，当地居民对森林和森林资源的消费者心态占据主导地位；另一方面，森林企业仅对其自身发展感兴趣，这是双方对彼此信任程度较低的原因。只有得到国际组织和非政府组织的长期援助，才有可能在双方之间建立信任关系，并达成恢复森林资源的目标，从而实现互惠互利。

根据上述内容，为了使当地居民使用联合森林管理方法参与森林管理，有必要做到以下两点：

（1）改进广泛实施联合森林管理方法的基础。

（2）广泛使用联合森林管理方法并逐步使用联合森林管理方法替换季节性合同。

7. 国际林业合作进程

林业活动与以下主要国际计划的实施有着密不可分的联系（图 7–1）：

（1）塔吉克斯坦国家防治荒漠化行动计划。

（2）截至 2015 年温室气体减排和增加吸收战略。

（3）国家生物多样性保护和可持续利用战略和行动计划。

（4）中亚农业生物多样性（园艺作物和野生物种）的就地保护。

（5）作为水禽栖息地的国际重要湿地。

（6）野生动物迁徙物种的保护。

（7）塔吉克斯坦共和国的环境自评。

图 7–1　国际合作

塔吉克斯坦共和国独立时期的林业成就：

（1）种植了 1.3 万公顷森林，用于牧场改良和保护土地免受侵蚀。

（2）规划了 200 公顷白杨种植场，用于生产建筑用材。

（3）在努列克水库种植了 834.0 公顷漫滩森林。

（4）成立了“国家林业和狩猎检查局”。

（5）2013 年“塔吉克国家公园”被列入联合国教科文组织世界遗产名录。

（6）授予国家保护区“拉米特”当地生物圈保护区的地位。

（7）建造了自然历史公园“希尔肯特”（2004 年）。

（8）建造了自然公园“萨里科索尔”（2004 年）。

（9）制定和批准了 2013~2018 年期间的“特别保护自然区”管理计划。

（10）在国际组织如德国国际合作机构（GIZ）的支持下种植了 1000 多公顷森林。

（11）出版《塔吉克斯坦森林遗传资源》（2012 年）。

8. 林业发展面临的机遇与挑战

未来能够影响林业发展的主要驱动力是：

塔吉克斯坦是一个传统上人口增长百分比较高的共和国。由于高人口出生率（尤其是在农村地区）所导致的就业问题以及贫困问题将会继续存在。

在这方面，人们自然需要了解可增加山区耕地的新领域。

向居民提供燃料（主要是木材）和建筑用木材的需求也会增加。此外，以下需求也会增加：

（1）如建造新的水电站并且为人民提供能源的需求。

（2）开采煤炭矿床以及将煤炭价格设定为公众可承受价格的需求。

（3）改善环境保护领域尤其是林业领域立法框架的需求。

作为一个多山的经济体，塔吉克斯坦没有足够的耕地（不到领土面积的 7%）。尽管经济主要依赖于农业部门，并且因此依赖于土壤的存在和状况，但林地的面积正在稳步下降。

土地退化问题尤其具有相关性。耕地和种植场面积减少几乎完全切断了在农经企业的土地上的防护林带（以前约为 5000 公顷）。归因于森林疏伐和增强的侵蚀，每年约 5 万公顷耕地受到不同程度荒漠化过程的影响。

土壤退化导致食品减少、生活水平变差，甚至是塔吉克斯坦某些地区的迁移原因。

在救助中通过破坏树木和灌木进行的不正当耕作刺激了荒漠化过程的发展。

土壤侵蚀的集约型发展对农村的发展产生了影响，主要表现在对坡度大于 15° 的山坡的经济利用方面。

气候变暖的负面影响、人为因素造成的土壤侵蚀的负面影响以及日益增多的自然灾害，所有这些都可能导致塔吉克斯坦面临无法预见的自然灾害甚至是环境灾难。

参考文献

[1] Forest Resources of the Pamir–Alai[J]. Zapryagaeva V.I., Leningrad 1976.

[2] The Forest Code of the Republic of Tajikistan, 2011.

[3] Republic of Tajikistan Law "On Specially Protected Natural Areas", in 2011.

[4] Protected Areas of Tajikistan Kurbanov Sh., M. Saidov, Dushanbe –2009.

[5] Collection of Statistical Reports on the Protection of the Republic of Tajikistanenvironment, 2010–2015.

[6] Forest Genetic Resources of Tajikistan, M.Saidov, Sh.Kurbonov, I.Ustyan, Dushanbe, 2013.

[7] National Strategy and Action Plan for the Conservation and Sustainable Use of Biodiversity, Dushanbe –2003 year.

[8] The Red Book of Tajikistan, Dushanbe, 2015.

[9] Republic of TajikistanState Environmental Program for the Period 2009–2019.

[10] Annual Statistical Reports of Forestry of the Republic of Tajikistanfor the period 2010~2015.

[11] Review and Appraisal of Environmental Protection – Committee of Environmental Protection, 2016.